D1665734

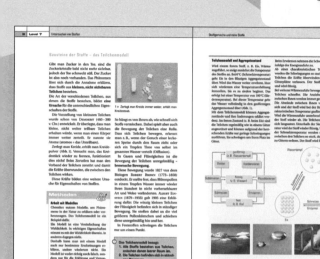

Inhaltsseiten
vermitteln dir – unterstützt durch **Merksätze,** Tabellen und Übersichten – chemisches Grundlagenwissen. **M**

Ergänzendes und Vertiefendes
bietet zusätzliche Informationen.

Methoden
geben wichtige Hinweise zu charakteristischen Denk- und Arbeitsmethoden.

Steckbriefe
enthalten zusammengefasste Daten zu wichtigen Stoffen.

Chemie-Klick
regt zur weiterführenden Beschäftigung mit wichtigen und interessanten Themen unter Nutzung neuer Medien an.

Praktikum
S Schülerexperimente, bei denen keine Gefahrstoffe genutzt werden.

S Schülerexperimente, bei denen Gefahrstoffe verwendet werden oder entstehen. Du erkennst sie an den Piktogrammen.

L Lehrerexperimente

Fächerverbindendes Thema
Diese Seiten sollen dich zum selbstständigen Bearbeiten von Themen anregen, die eine Verbindung zwischen verschiedenen Fächern herstellen.

Projekte
Neben Sachinformationen werden hier interessante Fragen aufgeworfen, die du in der Gruppe bearbeiten kannst. Außerdem kannst du eigene Projektideen entwickeln.

Level ▶▶ Chemie

Lehrbuch für die Klasse 7
Gymnasium Sachsen

Herausgeber:
Dr. Christine Ernst
Dr. Adria Wehser

DUDEN PAETEC Schulbuchverlag

Herausgeber
Dr. Christine Ernst
Dr. Adria Wehser

Autoren
Dr. Christine Ernst
Günter Hauschild
Prof. Dr. habil. Armin Klein
Frank Liebner
Ute Lilienthal
Prof. Dr. habil. Lothar Meyer

Barbara Reibis
Klaus Saffian
Dr. Gerd-Dietrich Schmidt
Holger Steps
Dr. Adria Wehser

Beraterin
Evelin Mietschke, Naunhof

Redaktion: Dr. Adria Wehser
Gestaltungskonzept und Umschlag: Simone Hoschack
Layout: DZA Satz und Bild GmbH; PAETEC Verlag für Bildungsmedien
Grafiken: Walther-Maria Scheid

www.duden-schulbuch.de

Dieses Werk enthält Vorschläge und Anleitungen für Untersuchungen und Experimente.
Vor jedem Experiment sind mögliche Gefahrenquellen zu besprechen.
Beim Experimentieren sind die Richtlinien zur Sicherheit im naturwissenschaftlichen Unterricht einzuhalten.

Hinweis Experimente: Achtung! Unsere Experimente sind sorgfältig ausgewählt und getestet, sodass bei ordnungsgemäßer Durchführung nichts passieren kann. Ggf. sollte Hilfestellung durch Erwachsene erfolgen. In jedem Fall schließen Verlag und Autoren jegliche Haftung aus.

1. Auflage, 3. Druck 2012

Alle Drucke dieser Auflage können im Unterricht nebeneinander benutzt werden.

Druck: Stürtz GmbH, Würzburg

ISBN 978-389818-513-4

 Inhalt gedruckt auf säurefreiem Papier aus nachhaltiger Forstwirtschaft.

Inhaltsverzeichnis

Chemie ist überall 6
- Chemie – eine wichtige Naturwissenschaft 8
- Die Chemie in Sachsen 10
- Arbeitsweisen in der Chemie 12
- Der Brenner 14
- **Methoden:** Umgang mit dem Brenner 14,
  Die Brennerflamme im Experiment – ein Protokollbeispiel 15

1   Untersuchen von Stoffen 16

1.1 Von den Eigenschaften zu Steckbriefen für Stoffe 17
- Stoffe im Alltag und im Chemieunterricht 18
- Besondere Kennzeichen gesucht 19
- **Chemie-Klick:**
  Internetrecherche zum Thema „Steckbriefe für Stoffe" 23
- **Methode:** Informationssuche im Internet 23
- **Praktikum:** Eigenschaften von Stoffen 24
- **Chemie in Natur und Technik** 26
  Welcher Stoff ist das? 26
- **Aufgaben** 27

1.2 Stoffgemische und reine Stoffe 29
- Bausteine der Stoffe – das Teilchenmodell 30
- **Ergänzendes und Vertiefendes:**
  Teilchenmodell und Aggregatzustand 31
- Stoffe vermischt oder rein 32
  Arten von Stoffgemischen 33
  Stoffgemische kann man trennen 34
  Übersicht Trennverfahren 35
- **Ergänzendes und Vertiefendes:** Vorsicht Prozente 34
- **Praktikum:** Trennen von Stoffgemischen 36
- **Chemie-Klick:**
  Stoffgemische und ihre Trennung im Alltag und in der Technik . 37
- **Chemie in Natur und Technik** 38
  Eins plus eins ist nicht immer zwei 38
  Der Magnetscheider 39
- **Methoden:**
  Erklären 38, Beschreiben des Aufbaus und Erklären der
  Wirkungsweise technischer Geräte und Anlagen 39
- **Aufgaben** 40
- **Wahlpflichtthema: Chromatografie** 42
- **Das Wichtigste auf einen Blick** 45

2

2 Metalle – von Aluminium bis Zink 46

Metalle – von Aluminium bis Zink 47

- Bedeutung und Eigenschaften der Metalle 48
  Steckbriefe für ausgewählte Metalle 49
- **Praktikum:** Untersuchungen zu Eigenschaften von Metallen . 50
- Der Bau der Metalle – Ursache für ihre Eigenschaften 52
  Die Teilchen der Metalle: Atome 52
  Atom – Element – Symbol 53
- **Ergänzendes und Vertiefendes:** Das Periodensystem der
  Elemente bringt Ordnung in die Vielfalt 54
  Die Metallbindung 55
- Legierungen der Metalle 56
- **Chemie-Klick:**
  Legierungen – Stoffgemische der besonderen Art 57
- **Chemie in Natur und Technik** 58
  Kupfer oder Bronze 58
  Von der Informationssuche zur Präsentation 59
- **Methoden:** Informationssuche mithilfe des Computers 59,
  Fünf-Schritt-Methode zur Bearbeitung eines Textes 60,
  Veranschaulichung von Ergebnissen mithilfe von Diagrammen 61
- **Aufgaben** 62
- **Wahlpflichtthema: Legierungen und ihre Herstellung** 64
- **Das Wichtigste auf einen Blick** 67

3

3 Umwandlung von Stoffen 68

Umwandlung von Stoffen 69

- Physikalischer Vorgang oder chemische Reaktion 70
- Wichtige chemische Reaktionen im Alltag und in der Natur ... 72
  Korrosion und Korrosionsschutz 72
  Traubenzucker – Reaktionsprodukt und Ausgangsstoff 73
- Chemische Reaktionen von Metallen 74
  Chemische Reaktion mit Sauerstoff 74
  Chemische Reaktion mit Schwefel 75
- Chemische Reaktionen immer und überall? 76
- **Ergänzendes und Vertiefendes:** Wann findet eine Reaktion statt? 77
- **Praktikum:** Chemische Reaktionen und ihre Beeinflussung ... 78
- **Chemie in Natur und Technik** 80
  Aus Blau wird Weiß und umgekehrt 80
  Wärme durch chemische Reaktion 81
- **Methode:** Begründen von Aussagen 80
- **Aufgaben** 82
- **Wahlpflichtthema: Rund ums Zündholz** 84
- **Das Wichtigste auf einen Blick** 87

4 **Fächerverbindendes Thema: Energiebündel Mensch** 88

- Energiewandler Mensch 90
- Bestandteile der Nahrung und Energie 91
- Der Energiebedarf des Menschen 94
- **Methode:** Hinweise für die Arbeit in Projekten 97

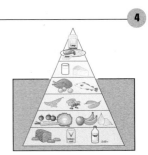

Anhang 98
Gefahrstoffhinweise 98
Periodensystem der Elemente 101
Register 102
Bildquellenverzeichnis 104

Chemie ist überall

Chemie – eine der Naturwissenschaften

Alle Dinge, die uns umgeben, bestehen aus Stoffen: der Boden, auf dem wir gehen, die Luft, die wir atmen, und Gegenstände, die wir im Alltag nutzen.

Auch unser Körper ist aus Stoffen aufgebaut, z. B. aus Eiweißen, Fetten, Wasser und vielen anderen Stoffen, die aber außer Wasser anders zusammengesetzt sind als die mit der Nahrung aufgenommenen Stoffe.

Die Chemie beschäftigt sich mit den Stoffen und ihren Umwandlungen. Chemische Prozesse betreffen alle, darum geht die Chemie jeden etwas an.

Chemie – eine wichtige Naturwissenschaft

Alle Dinge, die uns umgeben, bestehen aus Stoffen: Gegenstände, die wir benutzen, der Boden, auf dem wir gehen, die Luft, die wir atmen, unsere Kleidung und unsere Nahrungsmittel. Auch unser Körper ist aus Stoffen aufgebaut.
Was sind das für Stoffe und welche Eigenschaften weisen sie auf?

Viele Stoffe, die wir im Alltag verwenden, werden von uns hergestellt, ihre Eigenschaften gezielt verändert. Ohne „Chemie" kann z. B. kein Reifenmaterial den Anforderungen standhalten. Kraftstoffe, Schmierstoffe, verschiedenste Kunststoffe, Klebstoffe und Farbstoffe, die im Fahrzeugbau benötigt werden, sind Produkte der chemischen Industrie. Metalle, Glas und andere Baustoffe – die Grundlage für die Errichtung von Gebäuden – können nicht ohne chemische Kenntnisse produziert werden.
Woraus und wie werden alle diese Stoffe hergestellt?

> Die Naturwissenschaft Chemie gibt Antwort auf die Fragen, denn sie ist die Wissenschaft von den Stoffen und deren Eigenschaften sowie von den Stoffumwandlungen.

0

Chemische Produkte ermöglichen und erleichtern den Alltag ...

Unser heutiges Leben ist ohne die Produkte der chemischen Industrie undenkbar. Nicht nur, dass selbstverständliche Dinge des täglichen Lebens wie Kleidung, Kosmetika, Papier, Glas, sauberes Wasser, Wärme u. v. m. nicht zur Verfügung ständen, die Weltbevölkerung müsste noch mehr hungern. Ohne Düngemittel wären die Böden schnell erschöpft, die Erträge würden sinken. Medikamente und Stoffe für Diagnosen sind ebenfalls chemische Produkte. Ohne sie würde sich unsere Lebenserwartung drastisch verringern. Ein Leben ohne Chemie ist heute nicht mehr möglich.

... und gefährden die Umwelt

Die Herstellung und der Verbrauch von Stoffen bedingt auch die Schattenseiten der Chemie. Durch ungereinigte Abwässer werden die Gewässer verschmutzt. Tankerunfälle führen immer wieder zu Umweltkatastrophen.

Auch die Nutzung fossiler Brennstoffe schädigt unsere Umwelt. Abgase belasten die Luft und beeinflussen unser Klima.

Kenntnisse über Stoffe und Stoffumwandlungen helfen, solche Schäden zu verringern oder zu vermeiden. Dabei trägt nicht nur die chemische Industrie Verantwortung, sondern auch jeder selbst.

Die Chemie in Sachsen

Die „Silberstraße" Sachsens

Durch den Freistaat Sachsen zieht sich von Zwickau über Freiberg und Annaberg-Buchholz nach Dresden die Silberstraße.

An ihr reihen sich die Ortschaften auf, die einmal vom Silberbergbau gelebt haben. Zu ihnen gehört Freiberg, das bis ins 15. Jahrhundert eine der reichsten Städte Sachsens und sein wirtschaftliches Zentrum war.

Seine Entwicklung begann 1168, als Fuhrleute eines Salztransportes in Christiansdorf, dem heutigen Stadtgebiet Freibergs, an der Erdoberfläche Silbererz entdeckten. Der Bergbau in Sachsen wurde aufgenommen. Er reichte bis in unser Jahrhundert.

1765 wurde in Freiberg die Bergakademie – eine Forschungs- und Lehrstätte – gegründet.

Heute ist die TU Bergakademie Freiberg die kleinste der vier Universitäten im Freistaat Sachsen.

Wichtige Chemiker Sachsens

GEORGIUS AGRICOLA wurde 1494 im sächsischen Glauchau geboren und ist 1555 in Chemnitz gestorben. Er sah die Bedeutung der Chemie in der Gewinnung der Metalle. In seinen 12 Büchern chern vom Berg- und Hüttenwesen behandelte er alle damals bekannten Methoden der Gewinnung der Metalle und ihrer Verbindungen.

Er zeichnet darin eine Flugstaubkammer, die im Erzgebirge entwickelt worden war.

Ihren Einsatz verlangten die böhmischen Könige und die Kurfürsten von Meißen, „… damit den anliegenden Feldern und Viehweiden kein Schaden mehr zugeführt werde."

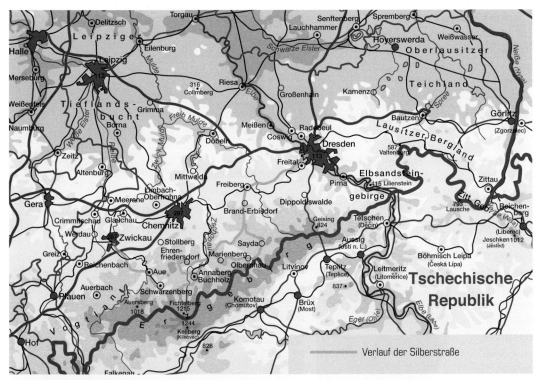

1 ▸ Karte Sachsens mit der eingezeichneten Silberstraße

0

JOHANN FRIEDRICH BÖTTGER (1682 bis 1719) meldete 1709 die erfolgreiche Porzellanherstellung an AUGUST DEN STARKEN. Dieser hatte ihn unter Aufsicht gestellt, weil der ehemalige Apothekerlehrling behauptete, Gold herstellen zu können. Dies gelang ihm nicht, aber auf den Experimenten und Ergebnissen von EHRENFRIED WALTHER VON TSCHIRNHAUS aufbauend schuf er die Grundlage für die Porzellanherstellung in Manufakturen.

Um die Geheimhaltung zu sichern, wurde die Produktion dieses „weißen Goldes" 1710 auf die Meißner Albrechtsburg verlegt.

Der steile und abgeschlossene Burgberg gewährleistete den notwendigen Schutz der Laboranten und ihrer geheimen Rezepte. Noch heute ist Meißner Porzellan® weltberühmt.

CLEMENS WINKLER (1838–1904) aus Freiberg erhielt seine Ausbildung in Freiberg selbst, in Dresden und in Chemnitz. Als Chemiker bzw. Hochschullehrer arbeitete er in Oberschlema, Pfannenstiel und an der Freiberger Bergakademie.

An der Bergakademie beschäftigte er sich intensiv mit Erzen, die um Freiberg gefunden wurden. Auch am 6. Februar 1886 untersuchte er Proben aus der „Himmelfürstgrube" bei Freiberg und war überrascht, als er ein Metall fand, das ihm fremd war. Auch wiederholte Untersuchungen brachten das gleiche Ergebnis: WINKLER hatte ein bisher völlig unbekanntes Metall gefunden. Er gab ihm den Namen Germanium.

Damit hatte er die Richtigkeit des von MENDELEJEW (1834–1907) aufgestellten Periodensystems der Elemente bestätigt.

MENDELEJEW hatte die bekannten Elemente geordnet und Lücken im Periodensystem aufgezeigt. Eines der fehlenden Elemente bezeichnete er als Eka-Silicium. Dieses Element hatte WINKLER entdeckt.

Die Geschichte des Arzneimittelwerks Dresden ist eng mit der Salicylsäure verbunden (ein Wirkstoff gegen Schmerzen). Sie wurde bis 1874 aus dem Saft der Weidenrinde gewonnen (lat.: salix – die Weide).

1874 gründete **FRIEDRICH VON HEYDEN** in Dresden eine Salicylsäurefabrik, nachdem es ihm gelungen war, die von Prof. KOLBE 1859 gefundene Salicylsäuresynthese technisch umzusetzen.

Erstmalig in der Welt wurde in Radebeul bei Dresden ein Wirkstoff für ein Arzneimittel gewonnen, ohne auf Naturstoffe zurückzugreifen.

1903 wurde im sächsischen Hartha **RICHARD MÜLLER** geboren. Er war es, der 1942 einen Weg fand, großtechnisch Stoffe herzustellen, die Industrie und Wissenschaft dringend brauchten – Silicone. Da der Amerikaner ROCHOW die gleiche Lösung fand, spricht man heute vom MÜLLER-ROCHOW-Verfahren.

Mit Siliconen werden z. B. Aquarien geklebt und Fugen in Bauwerken abgedichtet. Wegen seiner hervorragenden Isoliereigenschaften wird Silicongummi in der Elektroindustrie eingesetzt. Siliconöle sind Gleitmittel für Plaste, eignen sich zur Wärmeübertragung oder schützen Bauten vor Feuchtigkeit. Auch in der Raumfahrt, der Medizin und der Mikroelektronik finden Silicone Einsatz.

1954 entstand in Nünchritz unter Leitung von Prof. MÜLLER das Institut für Silicon- und Fluorcarbonchemie. Noch im gleichen Jahr wurden in Nünchritz die ersten Silicone produziert. Heute ist Nünchritz bei Riesa ein bedeutender Industriestandort im Freistaat Sachsen.

Zu den Siliconen gehören sehr unterschiedliche Stoffe. Sie kommen in der Bauindustrie und auch als Inhaltsstoffe von Kosmetik zum Einsatz.

Arbeitsweisen in der Chemie

Im Mittelalter versuchten die Alchemisten, Gold aus anderen Metallen herzustellen. Heute weiß man, dass dies mithilfe chemischer Prozesse nicht möglich ist.

Viele Phänomene und Prozesse unserer Welt können wir heute besser verstehen als noch vor einigen hundert Jahren. Ohne die Arbeit der Wissenschaftler wäre das nicht möglich gewesen.

Besonders wichtig ist das genaue **Beobachten** von Phänomenen und Vorgängen in der Natur.

> **M** Beim Beobachten werden mit Sinnesorganen oder mit Hilfsmitteln Eigenschaften, Abläufe und Beziehungen festgestellt.
> Die beobachteten Objekte oder Prozesse werden dabei nicht verändert.

Aus den Beobachtungen kann man Vermutungen über Ursachen und Zusammenhänge ableiten. Diese Vermutungen werden in der Chemie meist durch **Experimente** überprüft.
Das Experiment bestätigt die Vermutung oder zeigt, dass die Vermutung falsch gewesen ist.

Experimente dienen schon sehr lange als Quelle der Erkenntnis.
Als der Mensch prüfte, welcher Naturstoff sich am besten eignet, um ein Feuer zu unterhalten, experimentierte er. Als er den Ablauf und das Ergebnis des Experiments anderen mitteilte, wurde der Prozess wiederholbar.

> **M** Ein Experiment ist eine Frage an die Natur.
> Dabei wird eine Erscheinung der Natur unter ausgewählten, kontrollierten und veränderbaren Bedingungen beobachtet und ausgewertet. Die Bedingungen des Experiments müssen wiederholbar sein.

Auch heute ist das Experimentieren eine wichtige Arbeitsweise im Chemieunterricht.
Um die Ergebnisse festzuhalten, wird ein **Protokoll** angefertigt.
Darin werden die Aufgabenstellung, die benötigten Geräte und Chemikalien, die Durchführung, Beobachtungen und Schlussfolgerungen aus dem Experiment schriftlich festgehalten.

1 ▸ Das Experimentieren ist eine wichtige Arbeitsmethode.

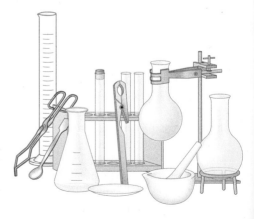

2 ▸ Die Abbildung zeigt eine Auswahl wichtiger Arbeitsgeräte beim Experimentieren.

Mit dem Protokoll muss jemand, der das Experiment nicht kennt, dieses gefahrlos und fachgerecht wiederholen können. Deshalb muss man die Durchführung und die Beobachtungen genau **beschreiben.**

Beim Beschreiben wird sprachlich zusammenhängend und geordnet dargestellt, wie ein Gegenstand oder eine Erscheinung beschaffen ist. Dabei werden äußerlich wahrnehmbare Eigenschaften wiedergegeben.

Wurden beim Experimentieren **Gefahrstoffe** verwendet, muss dies ebenfalls aus dem Protokoll hervorgehen. Üblicherweise werden die Gefahrstoffe durch Gefahrstoffsymbole bzw. entsprechende Buchstaben charakterisiert. Bei Gefahrstoffen gelten außerdem gesonderte **Gefahrenhinweise (R-Sätze), Sicherheitshinweise (S-Sätze), Entsorgungsregeln (E-Sätze).**

Ein unverzichtbares Arbeitsgerät ist der **Gasbrenner**. Der Vorläufer der heute eingesetzten Brenner wurde 1855 von ROBERT WILHELM BUNSEN (1811–1899, Professor für Chemie) entwickelt.

1 ▸ Modelle vom Aufbau verschiedener Stoffe helfen, Phänomene zu verstehen.

 Xi
reizend
reizende Stoffe
(Xn bzw. Xi)

 E
explosionsgefährlich
explosionsgefährliche
Stoffe

 C
ätzend
ätzende Stoffe

 F
entzündlich
leicht- und
hochentzündliche
Stoffe (F bzw F+)

 O
brandfördernd
brandfördernde
Stoffe

 N
umweltgefährlich
umweltgefährliche
Stoffe

2 ▸ Ausgewählte Gefahrensymbole

Methode

Verhaltensregeln beim Experimentieren

Beim Experimentieren müssen **Sicherheitsbestimmungen** eingehalten werden, da die eingesetzten Stoffe gesundheitsschädigend oder an der Bildung gefährlicher Stoffe beteiligt sein können. Beachte folgende Regeln:

- Essen und Trinken sind im Chemieraum verboten!
- Beachte unbedingt den Arbeitsschutz!
- Folge den Anweisungen des Lehrers!
- Lies die Versuchsvorschrift sorgfältig vor jedem Experiment und befolge sie präzise!
- Führe nur bei Aufforderung Geruchsproben durch (zufächeln)!
- Koste Chemikalien niemals !
- Vermeide Hautkontakte mit Chemikalien!
- Verwende nur kleine Mengen an Chemikalien!
- Entnimm Chemikalien nur mit sauberem Spatel und verschließe das Gefäß wieder!
- Gib unverbrauchte Reste nicht ins Vorratsgefäß zurück!
- Fülle Reagenzgläser nur bis zu einem Drittel!
- Schüttle das Reagenzglas beim Erwärmen!
- Richte nie die Öffnung eines Reagenzglases auf Personen!
- Schaue nie in die Reagenzglasöffnung!
- Baue die Apparatur standfest auf!
- Entsorge Chemikalien umweltgerecht! Beachte Hinweise und Vorschriften!

Der Brenner

Der Brenner wird beim Experimentieren häufig benötigt. Es werden unterschiedliche Brenner für Erdgas, Propangas oder Butangas genutzt. Alle funktionieren jedoch nach demselben Prinzip.

Methode

Umgang mit dem Brenner

- Überprüfe den sicheren Anschluss an der Gasversorgung!
- Schließe die Gasregulierung und die Luftzufuhr!
- Setze die Schutzbrille auf!
- Öffne den Gasanschluss am Experimentiertisch!
- Öffne die Gasregulierung am Brenner und entzünde das Gas!
- Öffne anschließend die Luftzufuhr!
- Benötigst du den Brenner nicht mehr, schließe zuerst die Gaszufuhr am Experimentiertisch, dann die Luft- und die Gasregulierungsschraube!

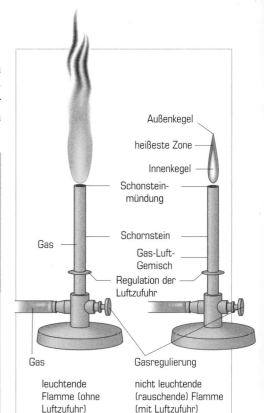

Außenkegel
heißeste Zone
Innenkegel
Schonsteinmündung
Schornstein
Gas
Gas-Luft-Gemisch
Regulation der Luftzufuhr
Gas
Gasregulierung

leuchtende Flamme (ohne Luftzufuhr)

nicht leuchtende (rauschende) Flamme (mit Luftzufuhr)

Brandschutz im Chemieunterricht

Ein offenes Feuer wie die Brennerflamme kann bei unsachgemäßem Verhalten Ausgangspunkt von Bränden sein. Daher spielt der Brandschutz im Chemieraum eine große Rolle. Natürlich muss Wasser verfügbar sein. Zusätzlich müssen eine Brandschutzdecke und Feuerlöscher vorhanden sein.

Einige Brände dürfen niemals mit Wasser gelöscht werden:

- Brände von Flüssigkeiten, die nicht mit Wasser mischbar sind und eine geringere Dichte als Wasser aufweisen (Speiseöl, Benzin, Petroleum, Dieselöl).
  Brandbekämpfung: Schaumfeuerlöscher, Trockenfeuerlöscher
- Brände an elektrischen Leitungen.
  Brandbekämpfung: Trockenlöscher
- Brände von Leichtmetallen wie Aluminium und Magnesium.
  Brandbekämpfung: Abdecken mit trockenem(!) Sand

1 ▸ Feuer kann man löschen durch Entfernen des brennbaren Stoffes, ...

2 ▸ Unterbinden der Sauerstoffzufuhr z. B. durch Abdecken oder ...

3 ▸ Herabsetzen der Temperatur unter die Entzündungstemperatur.

0

Die Brennerflamme im Experiment – ein Protokollbeispiel

Aufgabe:
Untersuche die Flamme eines Gasbrenners bei geöffneter und geschlossener Luftzufuhr.
Achte dabei jeweils auf mögliche Temperaturzonen. Versuche, deine Beobachtungen zu erklären.

Vorbereitung:
Geräte: Gasbrenner, Streichhölzer, Magnesiastäbchen, Tiegelzange
Chemikalien: Stadtgas 🔥, Propangas 🔥 oder Butangas 🔥

Durchführung:
Das Magnesiastäbchen wird nahe an der Schornsteinmündung in die Brennerflamme gehalten, sodass es an beiden Seiten der Flamme herausragt. Anschließend wird es langsam nach oben geführt.
Der Versuch wird zuerst mit geschlossener Luftzufuhr (a) und dann mit geöffneter Luftzufuhr (b) durchgeführt.

Beobachtung:
a) Geschlossene Luftzufuhr
* Die Brennerflamme flackert und leuchtet gelb.
* In der Flamme glüht das Magnesiastäbchen schwach gelblich.

* Hält man das Magnesiastäbchen an den oberen Flammenrand, wird es schwarz.
b) Geöffnete Luftzufuhr
* Die Brennerflamme ist eine entleuchtete blaue Flamme, die bei starker Luftzufuhr rauscht. Ein innerer und ein äußerer Flammenkegel sind sichtbar.
* Im Innenkegel erfolgt keine Farbänderung. Das Stäbchen bleibt weiß.
* Direkt über dem Innenkegel glüht das Magnesiastäbchen rot.

Auswertung:
Durch die unterschiedliche Luftzufuhr entstehen zwei unterschiedliche Brennerflammen. Da die leuchtende Flamme eine niedrigere Temperatur besitzt als die nicht leuchtende (rauschende) Flamme, glüht das Magnesiastäbchen dort schwächer auf. Die Leuchtflamme weist eine Temperatur von ca. 1000 °C auf. Weil die Flamme rußt, färbt sich das Magnesiastäbchen im Flammenrand schwarz.
Die Heizflamme entsteht bei Luftzufuhr. In dieser Flamme sind unterschiedliche Temperaturzonen vorhanden (Abb.). Das erkennt man an der Farbänderung des Magnesiastäbchens in b).

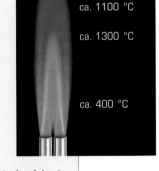

ca. 1100 °C

ca. 1300 °C

ca. 400 °C

1 ▸ Bunsenbrenner

2 ▸ Kartuschenbrenner

1

Untersuchen von Stoffen

1.1
Von den Eigenschaften
zu Steckbriefen für Stoffe

Stoffe im Visier ▸▸   Salz und Zucker können leicht verwechselt werden. Eine süße Salamipizza schmeckt aber nicht. *Woran kann ein Stoff zweifelsfrei erkannt werden?*

Begehrtes Gold ▸▸   Das Edelmetall Gold ist seit Jahrtausenden ein Sinnbild für Macht und Reichtum. Heute wird es als Schmuckmetall, in der Elektronik und als Zahnersatz eingesetzt. *Was macht Gold so wertvoll und vielseitig einsetzbar?*

Gefährliche Stoffe ▸▸   Es kommt immer wieder vor, dass Kinder durch giftige Haushaltchemikalien in Lebensgefahr geraten. *Wie können Unfälle vermieden werden?*

Stoffe im Alltag und im Chemieunterricht

Ein modernes Fahrrad besteht aus vielen Stoffen. Der Fahrradrahmen ist z. B. aus leichtem, stabilem Duraluminium gefertigt, Fahrradreifen hingegen aus synthetischem Kautschuk. Der Rahmen und die Reifen sind Körper.

Tipp: Duraluminium = eine Aluminiumlegierung s. S. 56

Alle Körper bestehen aus Stoffen, auch Organismen. Die Anzahl der Stoffe, aus denen Lebewesen bestehen, ist sehr groß, die Stoffe sind unterschiedlich.

Stoffe sind die Materialien, aus denen die Körper bestehen.

Im Chemieunterricht arbeitet man mit einer Auswahl von Stoffen. Da einige giftig oder gesundheitsschädlich sind, darf es nicht zu Verwechslungen kommen. Daher werden alle Stoffe in besonders gekennzeichneten Flaschen und Vorratsbehältern aufbewahrt. Die Gefäße müssen gut lesbar beschriftet sein. Lebensmittelflaschen dürfen nicht verwendet werden.

Handelt es sich um **Gefahrstoffe,** müssen in der Beschriftung die **Gefahrstoffkennzeichnung** und **R- und S-Sätze** zu erkennen sein, wie auch bei der Essigsäure (Ethansäure):

Ethansäure
CH_3COOH
konzentriert
ω 40%ig

R 10
R 35
S 2
S 23
S 26
C ätzend

R-Sätze (Gefahrenhinweise) benennen besondere Gefahren. **S-Sätze** (Sicherheitsratschläge) weisen darauf hin, was beim Umgang mit den Stoffen zu beachten ist. Bei der **Entsorgung von Gefahrstoffen** sind Regeln (**E-Sätze**) einzuhalten, weil die Stoffe unsere Umwelt in unterschiedlichem Maße schädigen können. Sie dürfen nicht unbehandelt in das Abwasser und die Luft gelangen.

Chemikalien dürfen niemals in Lebensmittelflaschen, sondern müssen in speziellen, entsprechend beschrifteten Gefäßen aufbewahrt werden.
Gefahrstoffe sind zu kennzeichnen.

1

Besondere Kennzeichen gesucht

Will man Pudding kochen, sollte man nicht Zucker und Salz verwechseln. Das Ergebnis wäre kaum genießbar. Bei chemischen Experimenten können Verwechslungen nicht nur unangenehm, sondern gefährlich werden. Man muss die Stoffe daher identifizieren können.

> Ⓜ **Stoffe erkennt man an ihren Eigenschaften.**

Manchmal ist eine Eigenschaft besonders charakteristisch. Kochsalz hat z. B. einen typischen Geschmack. Meist kann man die Stoffe jedoch an einer kennzeichnenden **Kombination von Eigenschaften** erkennen.

Geruch: Neben Essig haben auch andere Stoffe einen markanten Geruch. Der Geruch von frisch gemahlenem Kaffee wird von den meisten Leuten als angenehm empfunden, anders der Geruch von Schwefelwasserstoff. Das Gas riecht nach faulen Eiern.
 Um den Geruch von Chemikalien zu bestimmen, wird eine **Geruchsprobe**

durchgeführt. Da bei einigen Stoffen Verletzungsgefahr besteht, wedelt man sich Gase nur vorsichtig zu (Abb. 1).

Farbe: Einige Stoffe haben eine ganz charakteristische Farbe, z. B. Kupfer. Jedoch ist die Farbe, mit der uns der Stoff erscheint, auch von der Farbe des auf den Stoff einfallenden Lichts abhängig oder von der Wirkung von Farbfiltern, durch die wir sie betrachten (Abb. 2).

Geschmack: Mithilfe der Geschmacksknospen der Zunge können wir den Geschmack von Stoffen erkennen.
 Allerdings sind im Chemieunterricht **Geschmacksproben grundsätzlich verboten,** weil manche Chemikalien schon in sehr geringen Mengen giftig sind.

Oberflächenbeschaffenheit: Oberflächen von Stoffen können glatt oder rau sein, matt oder glänzend. Bei manchen Stoffen bleiben Glanz und Oberflächenbeschaffenheit lange erhalten, andere verlieren diese an der Luft schnell. Durch Polieren kann bei einigen Stoffen der Glanz wieder hergestellt werden.

1 ▸ Bei einer unbekannten Flüssigkeit wird die Geruchsprobe durchgeführt.

2 ▸ Der gleiche Strauß wurde mit unterschiedlichen Farbfiltern fotografiert.

Härteskala nach MOHS

Härte			man ritzt mit
1 2	weich wie	Talk Gips	dem Fingernagel
3		Calcit	einem Aluminiumstück
4 5	mittelhart wie	Fluorit Apatit	der Nähnadel
6 7		Orthoklas Quarz	der Glasscherbe
8 9 10	hart wie	Topas Korund Diamant	dem Diamant-Glasschneider

Härte: Stoffe sind unterschiedlich hart. Einige Feststoffe kann man durch Krafteinwirkung mithilfe anderer Stoffe ritzen, z. B. eine Glasscheibe durch einen Glasschneider mit einer Stahl- oder Diamantspitze.

Welche Stoffe man mit einem anderen Stoff ritzen kann, hängt von ihrer Härte ab. Es gilt, ein härterer Stoff ritzt einen weicheren Stoff. Diamant ist der härteste natürliche Stoff. CARL FRIEDRICH CHRISTIAN MOHS (1773–1839) hat die Methode des Ritzens um 1820 benutzt, um für Stoffe eine noch heute verwendete Härteskala (vgl. Tab.) aufzustellen.

Magnetische Eigenschaften: Mit einem Dauermagneten kann man prüfen, ob Stoffe magnetisch sind oder nicht (Abb. 2). Gegenstände aus Eisen, Nickel oder Cobalt werden von Magneten angezogen.

Verformbarkeit: Stoffe sind unter Krafteinwirkung unterschiedlich verformbar. Roheisen und Glas sind nur wenig verformbar, sie zerspringen. Man sagt auch, sie sind spröde. Kupfer, Aluminium, Stahl, Knete oder Gummi sind gut verformbar. Man unterscheidet zwei Arten von Verformungen.

Bei der **plastischen Verformung** geht der Stoff nach der Krafteinwirkung nicht wieder von allein in seine ursprüngliche Form zurück. Dies ist z. B. bei Knete, Ton oder auch bei Metallen der Fall. Das nutzt man beim Schmieden aus.

Bei einer **elastischen Verformung** nimmt der Stoff nach der Krafteinwirkung wieder seine ursprüngliche Form an. Dies ist z. B. bei einem Expander aus Stahl zu beobachten (Abb. 1). Stahl ist in Grenzen elastisch verformbar.

1 ▸ Expander

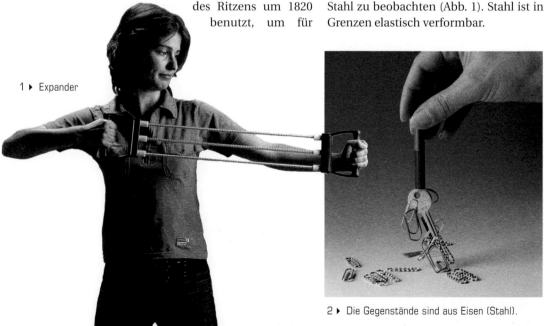

2 ▸ Die Gegenstände sind aus Eisen (Stahl).

Aggregatzustand, Schmelz- und Siedetemperatur: Stoffe können **fest, flüssig oder gasförmig** sein. Der Aggregatzustand kennzeichnet das äußere Form- und Volumenverhalten eines Stoffes. Er ist abhängig von der Temperatur und vom Druck. Bei Standardbedingungen ist Wasser flüssig, Blei fest und Sauerstoff gasförmig. Jedoch ist Wasser unter 0 °C fest und über 100 °C gasförmig. Durch Erwärmen kann Blei flüssig werden. Kühlt man Sauerstoff sehr stark ab, geht er ebenfalls in den flüssigen Aggregatzustand über.

Wird Wärme zugeführt oder abgeführt, können Stoffe schmelzen oder erstarren, sieden oder kondensieren. Wird einem festen Stoff Wärme zugeführt, wird er bei einer stoffspezifischen Temperatur flüssig. Diese Temperatur bezeichnet man als **Schmelztemperatur.** Die Temperatur, bei der der Stoff in den gasförmigen Zustand übergeht, heißt **Siedetemperatur.** Auch sie ist charakteristisch. Die Werte können experimentell bestimmt (Abb. 1, 2) oder Tabellen entnommen werden.

Dichte: Gegenstände mit gleicher Masse können ein unterschiedliches Volumen aufweisen (Abb. re.). Bei unterschiedlicher Masse kann aber das Volumen gleich sein. Welche Masse ein Körper mit einem konkreten Volumen hat, ist vom Stoff abhängig und wird durch die **Dichte** beschrieben. Sie ist für einen Stoff charakteristisch. Die Dichte ist abhängig von der Temperatur und bei Gasen auch vom Druck. Die Dichte eines Stoffes beschreibt der **Quotient aus Masse und Volumen.**

Die Masse beträgt jeweils 25 g.

Formelzeichen: ρ (sprich: rho)

Einheiten: 1 Gramm je Kubikzentimeter $\left[1 \, \frac{g}{cm^3} \right]$

1 Kilogramm je Kubikmeter $\left[1 \, \frac{kg}{m^3} \right]$

1 Gramm je Liter $\left[1 \frac{g}{l} \right]$

Gleichung: $\rho = \frac{m}{V}$ m Masse des Körpers
V Volumen des Körpers

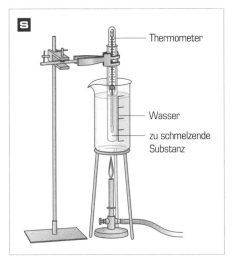

1 ▸ Bestimmung der Schmelztemperatur

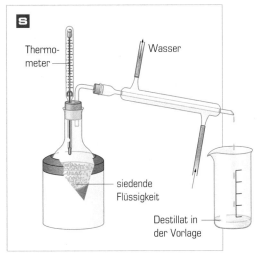

2 ▸ Bestimmung der Siedetemperatur

Wärmeleitfähigkeit: Bei der Wärmeleitung wird in Stoffen Wärme von einer Stelle höherer Temperatur zu einer Stelle niedrigerer Temperatur übertragen. Die Wärmeleitfähigkeit von Stoffen ist sehr unterschiedlich.

Körper aus Metallen, vor allem aus Kupfer, Aluminium, Gold oder Silber leiten die Wärme gut.

Schlechte Wärmeleiter sind Wasser, Luft, Holz, Glas und die meisten Kunststoffe. Daher kann man die Pfanne am Holzgriff gefahrlos anfassen, obwohl das Metall der Pfanne sehr heiß ist.

Elektrische Leitfähigkeit: Metalle leiten nicht nur die Wärme gut, sondern auch den elektrischen Strom. Metalle sind gute **elektrische Leiter,** besonders Kupfer und Silber. Deshalb bestehen die Drähte von Elektrokabeln aus Kupfer. Für elektronische Bauteile wird häufig Silber verwendet.

Die Ummantelung der Drähte wird aus Kunststoff gefertigt. Dieser Kunststoff ist ebenso wie Porzellan und Glas nicht elektrisch leitfähig. Man bezeichnet solche Stoffe als **Isolatoren.**

Die elektrische Leitfähigkeit von Stoffen kann man prüfen (Abb.1).

Löslichkeit: Gibt man Zucker in heißen Tee oder Wasser, so sind die Zuckerkristalle bald nicht mehr einzeln zu erkennen. Probiert man den Tee, so schmeckt man, dass der Zucker im Tee noch vorhanden ist. Eine **Lösung** ist entstanden. Wasser ist ein gutes **Lösemittel** für Zucker.

Auch Flüssigkeiten und Gase können in einem Lösemittel gelöst werden. So enthält Wasser beispielsweise meist gelösten Sauerstoff, warmes Wasser weniger als kaltes Wasser.

Die Löslichkeit eines Stoffes ist vom Stoff, von der Art des Lösemittels und von der Temperatur abhängig.

Brennbarkeit: Ein Stoff brennt, wenn sich aus ihm Gase entwickeln, die als Flammen verbrennen oder wenn er selbst ein brennbares Gas ist. **Flammen** sind brennende Gase. Das Aussehen und Rußen einer Flamme sowie der beim Verbrennen auftretende Geruch sind für manche Stoffe charakteristisch. Damit ein Stoff brennen kann, muss seine **Entzündungstemperatur** erreicht werden. Die Entzündungstemperaturen der Stoffe sind unterschiedlich (s. Tab.).

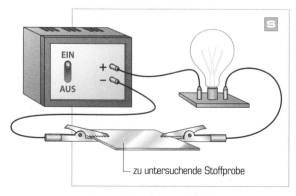

1 ▸ Der Stoff ist elektrisch leitfähig.

EIN
AUS
+
–
zu untersuchende Stoffprobe

Entzündungstemperaturen ausgewählter Stoffe	
Stoff	**Entzündungstemperatur**
Ether	160 °C
Benzin	180 °C – 220 °C
Holz (trocken)	250 °C – 350 °C
Paraffin	ca. 250 °C
Alkohol (Ethanol)	425 °C
Polyethylen (Plast)	350 °C
Papier	250 °C
Streichholzkopf	ca. 60 °C
Steinkohle	350 °C – 600 °C

❮❮ Chemie-Klick

Internetrecherche zum Thema „Steckbriefe für Stoffe"

Bei der **Informationssuche im Internet** kann man in Suchmaschinen (www.crawler.de, www.fireball.de, www.yahoo.de, www. google.de u. a.) zu verschiedenen Suchbegriffen Informationen erhalten.

Wenn man bereits Erfahrungen mit **Lexika in Internet** hat, kann man sofort die entsprechende Homepage ansteuern, www.schuelerlexikon. de.

Hinweise für die Nutzung sind gegeben:
- Das Suchwort muss mindestens 2 Zeichen lang sein.
- Sonderzeichen im Schlüsselwort, wie +, -, *, $, %, &, etc. sind nicht erlaubt.
- Ein Leerzeichen zwischen den Suchworten stellt eine Verknüpfung dar.

Als **Schlüsselwort**, welches in das entsprechende **Suchfenster** eingegeben wird, bietet sich „Steckbrief" an. Man erhält als Ergebnis den unten stehenden Artikel. Eine weitere Suche zu ausgewählten Eigenschaften bietet sich an.

Suche im Internet

1. Gib zuerst über einen Web-Browser die Internet-Adresse der Suchmaschine ein!
2. Informiere dich darüber, wie deine Suchabfrage konkret gestellt werden muss! (Tipp: Für die meisten Suchmaschinen sind Leerzeichen, das Pluszeichen und das Minus-Zeichen gültig.

   Eine weitere Möglichkeit, Suchabfragen einzuschränken, ist das Verknüpfen von Suchbegriffen über Operatoren wie u. a. OR, AND, NOT, NEAR, Klammern und Anführungszeichen.
3. Überlege dir treffende Schlüsselwörter (Suchbegriffe)!
4. Frage die Informationen dann durch die Eingabe von Suchbegriffen in speziell dafür vorgesehene Suchfenster ab!

Weitere Infos unter www.schuelerlexikon.de/Suchwort „Suchmaschine".

Basiswissen Schule   Chemie

Home Themen Register Zeitleiste Suche   www.schuelerlexikon.de

Wortanfang [   ]   Verwandte Themen Druckversion Internetverweise Vorlesen

Steckbriefe für Stoffe

Glas:

Eigenschaften: durchsichtig, spröde, sehr hart (kann mit Stahl geritzt werden), Dichte ca. $2{,}6\,\mathrm{g\cdot cm^{-3}}$ (Normalglas), schmilzt bei 1000 bis 1200 °C, schlechter Wärmeleiter, Isolator, nicht brennbar, nicht löslich in Wasser, widerstandsfähig gegen Chemikalien

Besonderheit: Glas befindet sich in einem besonderen Zustand. Durch schnelles Abkühlen erreicht man eine „unterkühlte Flüssigkeit im festen Aggregatzustand". Dadurch wird Glas erst durchsichtig.

Nutzung: Haushaltsgläser, Baustoff, Laborgefäße, Spezialglas wie Jenaer Glas (sehr hitzebeständig)…

… und mehr

Informiere dich auch unter: *Dichte von Stoffen, Schmelzen und Erstarren, Sieden und Kondensieren, Verdunsten und Verdampfen, Wärmeleitung*

Praktikum

Eigenschaften von Stoffen

Ein Steckbrief für Kerzenwachs

Kerzen bestehen aus Paraffin, Stearin oder auch Bienenwachs, die durch bestimmte Eigenschaften gekennzeichnet sind.

Aufgabe:
Fertige einen Steckbrief für Kerzenwachs an. Ermittle die Eigenschaften durch geeignete Experimente.

Ⓢ Experiment 1: Ermittlung von Farbe, Geruch, Verformbarkeit, magnetischen Eigenschaften, Löslichkeit in Wasser

Vorbereitung:
Geräte und Chemikalien: Reagenzgläser, Pipette, Dauermagnet, kleiner Hammer, Stoffproben von verschiedenen Kerzen, Wasser
Durchführung:
Beschreibe die Durchführung der jeweiligen Experimente.
Beobachtung:
Notiere deine Beobachtungen. Lege dazu eine Tabelle an.

Ⓢ Experiment 2: Test der elektrischen Leitfähigkeit

Vorbereitung:
Geräte und Chemikalien: Apparatur zum Leitfähigkeitstest, Stoffproben von verschiedenen Kerzen
Durchführung:
Teste die Proben mithilfe einer geeigneten Apparatur. Fertige dazu eine beschriftete Skizze an. Lege sie dem Lehrer vor und lasse sie bestätigen.
Führe den Test entsprechend deines Plans durch.
Beobachtung:
Notiere die Ergebnisse.

Tipp:
Nutze die Abbildung 1 auf der Seite 22.

Ⓢ Experiment 3: Dichtebestimmung

Vorbereitung:
Geräte und Chemikalien: Waage, Messzylinder, dünner Draht, Stoffproben von verschiedenen Kerzen, Wasser
Durchführung:
Ermittle die Masse einer Stoffprobe mithilfe einer Waage. Stelle dann das Volumen dieser Stoffprobe fest. Nutze dazu die Abb. 1 S. 26. Berechne aus den Werten die Dichte.

Ⓢ Experiment 4: Bestimmung der Schmelztemperatur

Vorbereitung:
Geräte und Chemikalien: Heizhaube, Stativmaterial, Thermometer, Reagenzglas, Wachs
Durchführung:
Baue die Apparatur auf. Erhitze das Wachs, bis es geschmolzen ist. Lies die Temperatur alle 20 s ab.
Beobachtung und Auswertung:
Notiere die ermittelte Schmelztemperatur und erkläre eventuelle Abweichungen.

Ⓢ Experiment 5: Verhalten beim Erhitzen und Brennbarkeit

Vorbereitung:
Geräte und Chemikalien: verschiedene Kerzen, Streichhölzer
Durchführung:
a) Überprüfe die Brennbarkeit der Kerzen.
b) Entzünde eine Kerze, lasse sie 2 min brennen, puste sie aus und entzünde sie erneut.
Beobachtung:
Beobachte sehr genau. Achte nicht nur auf die Brennbarkeit, sondern auch auf Veränderungen des Aggregatzustandes.

Auswertung:
Fasse die ermittelten Eigenschaften von Kerzenwachs im Steckbrief zusammen.

Praktikum

Stoffe im Vergleich

S Experiment 1: Dichte von festen Stoffen

Aufgabe:
a) Ermittle die Dichten von Eisen, Kupfer, Marmor, Glas und Gummi experimentell.
b) Suche Dichten von weiteren Stoffen aus entsprechenden Tabellen heraus.
c) Werden Körper aus den unter a) und b) genannten Materialien auf dem Wasser schwimmen oder untergehen? Ordne die Stoffe entsprechend.

S Experiment 2: Löslichkeit verschiedener Stoffe

Aufgabe:
Prüfe die Löslichkeit verschiedener Stoffe
a) in Wasser
b) in Spiritus
c) in Benzin.

Vorbereitung:
Geräte: Schutzbrille, Reagenzgläser, Reagenzglasständer, Spatellöffel, Pipette
Chemikalien: Zucker, Kochsalz, Kreide (Calciumcarbonat), Gips, Speiseöl, Eisenspäne, Wasser, Spiritus 🔥 , Benzin 🔥

Durchführung:
Gib jeweils eine Spatelspitze bzw. ein paar Tropfen der zu testenden Substanz in ein Lösemittel und schüttle kräftig.

Beobachtung und Auswertung:
Notiere deine Beobachtungen in einer Tabelle.

zu lösender Stoff	Lösemittel		
	Wasser	Spiritus	Benzin
Zucker			
...			

S Experiment 3: Erhitzen von Stoffen

Aufgabe: Erhitze Kochsalz und Zucker. Vergleiche das Verhalten der Stoffe beim Erhitzen.

Vorbereitung:
Geräte und Chemikalien: Reagenzgläser, Reagenzglashalter, Zucker, Kochsalz

Durchführung:
Gib etwas Salz in ein Reagenzglas und halte das Reagenzglas in die heißeste Zone der Brennerflamme.
Gib etwas Zucker in ein Reagenzglas und erhitze die Probe.

Beobachtung und Auswertung:
Notiere deine Beobachtungen. Vergleiche die Eigenschaften von Zucker und Kochsalz vor, während und nach dem Erhitzen.
Ermittle mithilfe von Tabellen Stoffe, die sich beim Erhitzen ähnlich wie Kochsalz bzw. ähnlich wie Zucker verhalten.

S Experiment 4: Elektrische Leitfähigkeit von Stoffen

Aufgabe:
Überprüfe experimentell die elektrische Leitfähigkeit verschiedener fester und flüssiger Stoffe. Wähle geeignete Stoffe aus und fordere sie vom Lehrer an. Ordne die Stoffe entsprechend der Beobachtungen.

Achtung! Unter dem Abzug arbeiten.

Tipp: Nutze die Werte für Schmelztemperaturen.

Chemie in Natur und Technik

Welcher Stoff ist das?

Im täglichen Leben kommt es vor, dass man Gegenstände findet und nicht weiß, um welches Material es sich handelt. Beim Aufräumen im Keller wurde z. B. der abgebildete Körper gefunden.

Bestimme, aus welchem Stoff der Draht hergestellt wurde.

Es werden zunächst die Eigenschaften erfasst, die man mit den Sinnesorganen (Auge, Nase) wahrnehmen kann: Der Stoff ist fest, hat eine glatte Oberfläche, sieht silbrig aus und ist geruchlos.

Bringt man ihn in Wasser, so geschieht nichts. Der Stoff ist also nicht wasserlöslich.

Seine Oberfläche kann mit dem Fingernagel geritzt werden. Der Stoff hat eine geringe Härte.

Zur Untersuchung der elektrischen Leitfähigkeit wird der Stoff in einen Stromkreis gebracht. Er leitet den elektrischen Strom. Das ist eine typische Eigenschaft von Metallen.

Zur Untersuchung der Wärmeleitfähigkeit hält man eine Seite des Körpers in heißes Wasser und prüft mit den Fingern, wie schnell die andere Seite heiß wird. Es zeigt sich: Der Stoff leitet die Wärme gut. Auch das ist eine typische Eigenschaft von Metallen.

Zur Berechnung der Dichte des Materials wird mit einer Waage die Masse des betreffenden Körpers gemessen und mithilfe der Differenzmethode (Abb. 1) das Volumen ermittelt.

85,8 g des gefundenen Körpers nahmen ein Volumen von 11,9 cm³ ein.

geg.: $m = 85{,}8\,\text{g}$ $V = 11{,}9\,\text{cm}^3$

Lösung: $\rho = \dfrac{m}{V}$ $\rho = \dfrac{85{,}8\,\text{g}}{11{,}9\,\text{cm}^3}$

$$\underline{\underline{\rho = 7{,}21\,\dfrac{\text{g}}{\text{cm}^3}}}$$

In Tabellen kann man nachschlagen, welcher metallische Stoff diese Dichte hat.

Dichte bei 25°C in g · cm⁻³	
Metall	**Dichte**
Aluminium	2,7
Eisen	7,86
Magnesium	1,74
Zink	7,14
Zinn	7,3

Zinn und Zink haben eine ähnliche Dichte, unterscheiden sich aber deutlich in ihren Schmelztemperaturen: Zinn schmilzt bei 232 °C, Zink dagegen erst bei 420 °C. Bringt man die Spitze eines Lötkolbens (Temperatur ca. 260 °C), auf den zu untersuchenden Stoff, schmilzt der Stoff an der Stelle. **Es könnte sich also um Zinn handeln.**

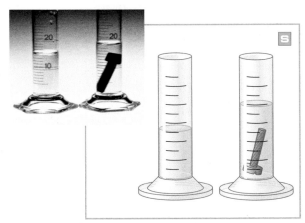

1 ▸ Differenzmethode zur Volumenbestimmung

Aufgaben

1. Wiederhole wichtige Begriffe: Stoff, Körper, Geruch, Farbe, Härte, elektrische und Wärmeleitfähigkeit, Aggregatzustand, Schmelztemperatur, Siedetemperatur, Dichte, Verformbarkeit, Brennbarkeit, Löslichkeit.

   Lege ein Glossar an. Dabei handelt es sich um ein alphabetisch geordnetes Wörterverzeichnis. Jeder Begriff wird durch eine Definition oder eine Begriffserläuterung ergänzt.

   Nutze dazu entweder Karteikarten oder den Computer.

2. In der Abbildung sind verschiedene Gegenstände zu sehen.

   Aus welchen Stoffen bestehen diese Gegenstände? Gib die Vor- und Nachteile des jeweiligen Stoffes für den Verwendungszweck an.

3. Es gibt Beutel aus Kunststoff, Papier oder Baumwolle. Diskutiere Vor- und Nachteile dieser verschiedenen Materialien.

4. Nenne typische Eigenschaften für folgende Stoffe und gib für jeden Stoff an, wo man ihn aufgrund der jeweiligen Eigenschaften besonders häufig einsetzt.
   Recherchiere im Internet, z. B. unter www.schuelerlexikon.de.
   a) Glas, b) Aluminium, c) Stahl.

5. Die unterschiedliche Löslichkeit von Farben muss man berücksichtigen, wenn man beim Streichen z. B. Flecken beseitigen, Pinsel und Hände bzw. Kleidungsstücke reinigen will. Stelle in einer Tabelle zusammen, welche Farben ihr zu Haus habt und worin sie löslich sind.

6. Gießt man Öl und Wasser zusammen, so sammelt sich das Öl nach einer gewissen Zeit auf dem Wasser.

   a) Was bedeutet diese Beobachtung für die Löslichkeit von Öl in Wasser?
   b) Kann man Ölflecken mit Wasser beseitigen? Gib eine Erklärung.
   c) Welche Schlussfolgerung kannst du noch aus der Beobachtung ableiten?

7. Finde heraus, welche Stoffe in folgenden Lebensmitteln zu Hause enthalten bzw. gelöst sind: Cola, Ketchup, Müsli, Margarine, Mineralwasser.

8. In Getränken wie Sprudel, Cola, Bier und Sekt ist ein Gas gelöst.
   Gib an, um welches Gas es sich handelt. Erläutere, warum man derartige Getränke besser erst öffnet, wenn sie gekühlt sind.

* **9.** Groppen leben im Oberlauf eines Flusses und meiden den Unterlauf.
Stelle ein Vermutung darüber auf, warum die Tiere im Unterlauf nicht lange existieren können. Beschäftige dich dazu mit den Lebensbedingungen, die für die Flussabschnitte kennzeichnend sind.

10. Tapeten haben eine wesentlich höhere Entzündungstemperatur als normales Papier. Warum ist das sinnvoll?

11. a) Erkläre, warum man mit einem Streichholz zwar Papier, aber nicht Kohle anzünden kann.
b) Beschreibe, wie man mit einem Streichholz und anderen Stoffen Kohle entzünden kann.

12. Henkel und Griffe von Töpfen und Pfannen bestehen häufig aus anderen Stoffen als der übrige Topf bzw. die Pfanne.
Nenne Stoffe, aus denen Töpfe, Pfannen und deren Henkel und Griffe bestehen können.
Erläutere, warum diese aus so unterschiedlichen Stoffen hergestellt werden.

13. Mit einem Kompass bestimmt man die Himmelsrichtung. Welche Eigenschaft des Metalls der Kompassnadel nutzt man aus? Beschreibe die Funktion.

14. Glasrohre können unter Nutzung des Brenners leicht verformt werden.
Erläutere, warum die Schülerin die Enden mit bloßen Händen anfassen kann.

15.  Bei dem Thermometer nach GALILEO GALILEI wird der Zusammenhang von Temperatur und Dichte ausgenutzt. Die in der Flüssigkeit schwimmenden Kugeln zeigen die Temperatur an. Erläutere, wie dieses Thermometer funktioniert.

16. Untersuche **unter Anleitung** experimentell die elektrische Leitfähigkeit verschiedener Stoffe (z. B. Kochsalzlösung, Leitungswasser, Zuckerlösung, Haushaltsessig, trockenes und feuchtes Holz, Bleistiftmine, Kunststofflineal, Büroklammern aus Stahl).
Welche Schlussfolgerungen kann man aus diesen Untersuchungen bezüglich des Umgangs mit Wasser und elektrischen Quellen (z. B. Steckdosen) ableiten?

* **17.** Deute die Messwerte. Achte dabei auf das Volumen der Flüssigkeit und die ermittelte Masse der Flüssigkeit.

18. Ermittle in einem Experiment charakteristische Eigenschaften folgender Stoffe: Mehl, Kochsalz, Zucker.

19. Warum benutzt man zum Anzünden von Grillkohle spezielle Grillanzünder? Erläutere.
Was ist bei der Anwendung solcher Anzünder zu beachten?

20. Stoffe besitzen unterschiedliches magnetisches Verhalten.
Untersuche experimentell die magnetischen Eigenschaften verschiedener Stoffe. Überprüfe Kupferdraht, Büroklammern aus Kunststoff und Stahl, Holz, Schrauben, Besteck aus Aluminium und Stahl.

1.2 Stoffgemische und reine Stoffe

„Vor Gebrauch schütteln" ▸▸ Auf vielen Verpackungen, die wir verwenden, steht „Vor Gebrauch schütteln", so z. B. auf Arzneimittelfläschchen oder Farbbüchsen. Auch einige Getränke sollten vor dem Genuss geschüttelt werden. *Warum ist dieses Schütteln vor der Nutzung sinnvoll?*

Mülltrennung ▸▸ In jedem Haushalt fällt eine Menge Müll an. Dazu gehören ganz unterschiedliche Materialien: Glas, Kunststoffe, Metalle, Verbundstoffe usw. Einige Stoffe können recycelt werden. *Welche Verfahren werden bei der Mülltrennung eingesetzt?*

Von den Oliven zum Olivenöl ▸▸ Olivenöl ist ein wichtiger Bestandteil der mediterranen Ernährung und gilt als gesund. Es schmeckt zu Salaten und ist auch zum Kochen und Braten geeignet. *Wie wird Olivenöl hergestellt?*

Bausteine der Stoffe – das Teilchenmodell

Gibt man Zucker in den Tee, sind die Zuckerkristalle bald nicht mehr sichtbar, jedoch der Tee schmeckt süß. Der Zucker ist also noch vorhanden. Das Phänomen lässt sich durch die Annahme erklären, dass Stoffe aus **kleinen, nicht sichtbaren Teilchen** bestehen.

Die Art der verschiedenen Teilchen, aus denen die Stoffe bestehen, bildet **eine Ursache** für die unterschiedlichen Eigenschaften der Stoffe.

1 ▸ Zerlegt man Kreide immer weiter, erhält man Kreidestaub.

Die Vorstellung von kleinsten Teilchen wurde schon von DEMOKRIT (460–380 v. Chr.) entwickelt. Er überlegte, dass man kleine, nicht weiter teilbare Teilchen erhalten würde, wenn man einen Körper immer weiter zerteilt. Er nannte sie Atome (atomos = das Unteilbare).

Zerlegt man Kreide, erhält man Kreidepulver (Abb. 1). Versucht man, das Kreidestück wieder zu formen, funktioniert dies nicht! Beim Zerteilen hat man den Verband der Teilchen zerstört und damit die Kräfte überwunden, die zwischen den Teilchen wirken.

Diese Kräfte bilden eine weitere Ursache für Eigenschaften von Stoffen.

So hängt es von ihnen ab, wie schnell sich Stoffe vermischen. Dabei spielt aber auch die Bewegung der Teilchen eine Rolle. Dass sich Teilchen bewegen, erkennt man z. B., wenn der Geruch einer leckeren Speise durch den Raum zieht oder sich ein Tropfen Tinte von selbst im gesamten Wasser verteilt (Diffusion).

In Gasen und Flüssigkeiten ist die Bewegung der Teilchen unregelmäßig – **brownsche Bewegung**.

Diese Bewegung wurde 1827 von dem Biologen ROBERT BROWN (1773–1858) entdeckt. Er stellte fest, dass Blütenpollen in einem Tropfen Wasser immer wieder ihren Standort in nicht vorhersehbarer Art und Weise veränderten. ALBERT EINSTEIN (1879–1955) gab 1905 eine Erklärung dafür: Die winzig kleinen Teilchen der Flüssigkeit befinden sich in ständiger Bewegung. Sie stoßen dabei an die viel größeren Pollenkörnchen und schieben diese unregelmäßig hin und her.

In Feststoffen schwingen die Teilchen nur um einen Punkt.

Methode

Arbeit mit Modellen

Chemiker nutzen Modelle, um Phänomene in der Natur zu erklären oder vorherzusagen. Das Teilchenmodell ist ein Beispiel dafür.

Ein Modell ist eine Vereinfachung der Wirklichkeit. In wichtigen Eigenschaften stimmt es mit der Wirklichkeit überein, in anderen dagegen nicht.

Deshalb kann man mit einem Modell auch nur bestimmte Erscheinungen erklären, andere wiederum nicht. Ein Modell ist weder richtig noch falsch, sondern nur für die Erklärung und Voraussage von bestimmten Phänomenen geeignet oder nicht geeignet.

M **Das Teilchenmodell besagt:**
1. **Alle Stoffe bestehen aus Teilchen, zwischen denen leerer Raum ist.**
2. **Die Teilchen befinden sich in ständiger Bewegung.**
3. **Zwischen den Teilchen wirken Kräfte.**

Teilchenmodell und Aggregatzustand

Wird einem festen Stoff, z. B. Eis, Wärme zugeführt, so steigt zunächst die Temperatur des Stoffes an. Bei 0 °C (Schmelztemperatur) geht Eis in den flüssigen Aggregatzustand über. Wird das Wasser weiter erwärmt, lässt sich wiederum eine Temperaturerhöhung feststellen, bis es zu sieden beginnt. Das erfolgt bei einer Temperatur von 100 °C (Siedetemperatur). Bei dieser Temperatur geht das Wasser vollständig in den gasförmigen Aggregatzustand über (Abb. 1).

Mit dem Teilchenmodell können Aggregatzustände und ihre Änderungen erklärt werden). Im festen Zustand (z. B. beim Eis) sind die Teilchen regelmäßig wie in einem Gitter angeordnet und können aufgrund der herrschenden Kräfte nur geringe Schwingungen ausführen. Sie schwingen um ihren Platz im Gitter.

Beim Erwärmen nehmen die Schwingungen infolge der Energiezufuhr zu.

Ab einer charakteristischen Temperatur werden die Schwingungen so stark, dass die Teilchen die Kräfte überwinden und ihre Gitterplätze verlassen. Der Stoff schmilzt und wird flüssig.

Bei weiterer Wärmezufuhr bewegen sich die Teilchen schneller. Die Anziehungskräfte zwischen ihnen werden immer geringer. Die Abstände zwischen ihnen vergrößern sich und der Stoff wird bei der für ihn charakteristischen Temperatur gasförmig.

Wird die Wärmezufuhr unterbrochen, kühlt der Stoff wieder ab. Die Teilchen bewegen sich langsamer. Unterhalb der Siedetemperatur wird der Stoff wieder flüssig. Unterhalb der Schmelztemperatur werden die Kräfte zwischen den Teilchen so stark, dass sie sich zu Gittern ordnen. Der Stoff wird fest.

Tipp:
Je stärker die Kräfte zwischen den Teilchen sind, desto mehr Energie ist nötig, damit ein Stoff schmilzt.

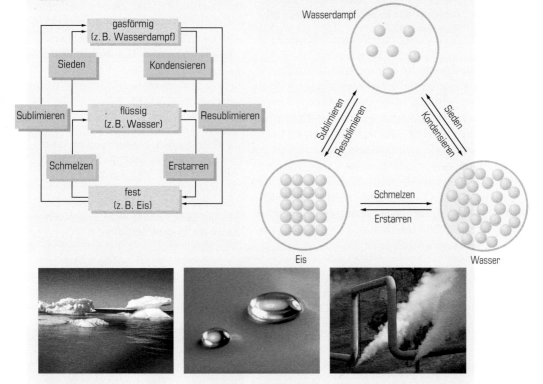

1 ▸ Wasser kann in Abhängigkeit von den herrschenden Bedingungen fest (Eis), flüssig oder gasförmig (Wasserdampf) sein (oben: Änderung der Aggregatzustände – links schematisch, rechts nach dem Teilchenmodell).

Stoffe vermischt oder rein

Tipp:
Ist das Kupfer
verunreinigt,
sinkt die elek-
trische Leitfä-
higkeit.

Stoffe sind durch ihre Eigenschaften gekennzeichnet. **Reines Kupfer** beispielsweise ist besonders gut elektrisch leitfähig. Es besteht dann nur aus einer Teilchensorte.

 Reine Stoffe bestehen nur aus einer Art von Teilchen.

Reine Stoffe sind in der Praxis nur mit sehr hohem Aufwand herzustellen. Meist sind sie durch andere „verunreinigt". Auch in der Natur liegen **Stoffe miteinander vermischt** vor.

 Stoffgemische bestehen aus Teilchen mehrerer reiner Stoffe. Die Eigenschaften der reinen Stoffe bleiben im Gemisch erhalten.

Stoffgemische spielen in unserem Leben eine große Rolle. Geben wir Salz ins Wasser, um z.B. Spagetti zu kochen, haben wir ganz nebenbei ein Stoffgemisch erzeugt. Für die tägliche Körperpflege verwenden wir Stoffgemische wie Waschlotionen und Cremes. Die meisten Lebensmittel sind Stoffgemische, die Nährstoffe, Fette und Eiweiße, aber auch Aroma-, Farb- oder Duftstoffe enthalten. Natürlich vorkommendes Wasser ist nie ein reiner Stoff.

Immer sind Gase und Salze gelöst. Wir laufen sogar auf Stoffgemischen, denn Steine (z.B. Granit) sind Gemische aus unterschiedlichen Mineralien.

In der Technik werden einige Stoffgemische sogar gezielt hergestellt. Stahl ist ein Stoffgemisch aus Eisen mit einem gewissen Gehalt an Chrom, Mangan u. a. Durch die „Verunreinigungen" wird das Gemisch elastisch und zugfest.

Betrachtet man verschiedene Stoffgemische mit der Lupe oder mit dem Mikroskop, kann man zwei Gruppen von Gemischen feststellen.

Bei den **heterogenen Gemischen** (griech. heterogen: verschieden) lassen sich die einzelnen Bestandteile unterscheiden. Beispielsweise ist Frischmilch ein Gemisch aus nicht ineinander löslichen Flüssigkeiten. Unter dem Mikroskop erkennt man die Fett-Tröpfchen.

Bei **homogenen Gemischen** (griech. homogen: gleich) sind die Bestandteile nicht mehr erkennbar. Das ist z. B. bei Apfelsaft der Fall (Abb. 2).

In heterogenen Stoffgemischen sind die einzelnen Bestandteile (Reinstoffe) mit dem Auge, der Lupe oder dem Mikroskop noch wahrnehmbar. In homogenen Stoffgemischen sind die einzelnen Bestandteile nicht mehr voneinander zu unterscheiden.

1 ▸ Etikett
eines Konfitü-
renglases

Stoffgemische

heterogen   homogen

Arten von Stoffgemischen

heterogen

Feststoff + Feststoff = **Gemenge**

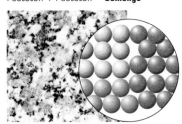

Beispiel: Granitgestein

Feststoff + Flüssigkeit = **Suspension**

Beispiel: naturtrüber Orangensaft

Feststoff + Gas = **Rauch**

Beispiel: Ruß in Luft

Flüssigkeit + Flüssigkeit = **Emulsion**

Beispiel: Milch

Flüssigkeit + Gas = **Nebel**

Beispiel: Wasserdampf in Luft

Gas + Flüssigkeit = **Schaum**

Beispiel: Bierschaum

homogen

Feststoff + Feststoff = **Legierung**

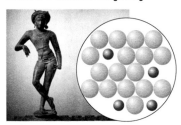

Beispiel: Bronze (s. S. 56)

Feststoff + Flüssigkeit = **Lösung**

Beispiel: Zucker in Wasser

Gas + Gas = **Gasgemisch**

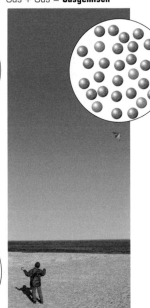

Flüssigkeit + Flüssigkeit = **Lösung**

Beispiel: Essig

Flüssigkeit + Gas = **Lösung**

Beispiel: Mineralwasser

Beispiel: Luft

Stoffgemische kann man trennen

Wein ist ein Stoffgemisch mit einem relativ niedrigen Alkoholgehalt. Damit daraus Branntwein entsteht, wird durch **Destillation** der Wasseranteil verringert. Man nutzt die unterschiedlichen Siedetemperaturen der Bestandteile im Gemisch.

Bereitet man den Kaffee mit einer Kaffeemaschine, erfolgt durch das Wasser eine **Extraktion**. Aromastoffe aus dem Kaffeepulver werden herausgelöst, weil die Bestandteile in Wasser unterschiedlich löslich sind. Durch **Filtrieren** werden das Kaffeepulver (Filterrückstand) und das Getränk (Filtrat) voneinander getrennt.

Um Schadstoffe aus Abgasen abzutrennen, werden die Rußteilchen aus der Abluft durch **Zentrifugieren** entfernt. Gasförmige Schadstoffe können durch **Adsorption** abgetrennt werden. Die Teilchen werden dabei an die Oberfläche eines Feststoffes (z. B. Aktivkohle) gebunden.

Die Trennung von Stoffgemischen ist möglich, weil die unterschiedlichen Eigenschaften der Bestandteile im Gemisch erhalten bleiben. Einen Überblick über die Trennverfahren gibt die Seite 35.

> **Zum Trennen von Stoffgemischen**  **nutzt man die unterschiedlichen Eigenschaften der reinen Stoffe im Gemisch aus.**

Vorsicht Prozente!

Lebensmittel, viele Genussmittel und auch medizinische Lösungen sind im Allgemeinen Stoffgemische. Neben Angaben zu stofflichen Bestandteilen müssen oft die Anteile der Inhaltsstoffe mit angegeben werden.

Für Feststoffe, die in Flüssigkeiten gelöst sind, wird der **Massenanteil** ω an der Gesamtmasse angegeben. Der Massenanteil ω_i eines Feststoffes kann berechnet werden mit der Gleichung:

$$\omega_i = \frac{m_i}{m} \qquad \begin{array}{l} m_i \quad \text{Masse der Komponente i} \\ m \quad \text{Gesamtmasse des} \\ \qquad \text{Stoffgemisches} \end{array}$$

bzw. in Prozenten: $\omega_i (\text{in \%}) = \dfrac{m_i}{m} \cdot 100 \%$

So weist physiologische Kochsalzlösung beispielsweise einen Massenanteil von 0,9 % auf. Die benötigte Masse Kochsalz zur Herstellung von 100 g dieser Lösung kann mithilfe folgender Formel berechnet werden:

$$m_{\text{Kochsalz}} = \frac{\omega_{\text{Kochsalz}}(\text{in \%}) \cdot m_{\text{ges}}}{100 \%}$$

Es ergibt sich die Masse von 0,9 g Kochsalz. Sie muss in 99,1 g reinem Wasser gelöst werden.

Für Flüssigkeiten, die in einer anderen Flüssigkeit gelöst vorliegen, ist die Angabe des **Volumenanteils** φ üblich.

Der Volumenanteil φ_i einer gelösten Flüssigkeit kann berechnet werden mit der Gleichung:

$$\varphi_i = \frac{V_i}{V_0} \qquad \begin{array}{l} V \quad \text{Volumen der Komponente i} \\ V_0 \quad \text{Gesamtvolumen des} \\ \qquad \text{Stoffgemisches} \end{array}$$

bzw. in Prozenten: $\varphi_i (\text{in \%}) = \dfrac{V_i}{V_0} \cdot 100 \%$

Besonders bei alkoholischen Getränken ist die Angabe des Volumenanteils des enthaltenen Alkohols üblich. Beispielsweise kann man von einem Etikett einer Branntweinflasche den Volumenanteil des Akohols (Ethanol) ermitteln (38%).

Die obige Formel kann durch Umstellung auch zur Berechnung des enthaltenen reinen Alkohols genutzt werden.

$$V_{\text{Alkohol}} = \frac{\varphi_{\text{Alkohol}}(\text{in \%}) \cdot V_{\text{ges}}}{100 \%}$$

Bei einem Gesamtvolumen von 0,7 l ergibt sich, dass in der Flasche 0,266 l reiner Alkohol gelöst enthalten sind.

Trennen von Stoffgemischen

Eindunsten und **Eindampfen**:
Trennen von Lösungen aufgrund unterschiedlicher Siedetemperaturen, wobei allgemein nur der gelöste Feststoff gewonnen wird.

Destillieren:
Trennen von Stoffgemischen aus mehreren flüssigen Stoffen oder aus Lösemittel und gelöstem Feststoff aufgrund unterschiedlicher Siedetemperaturen, wobei alle enthaltenen Stoffe gewonnen werden.

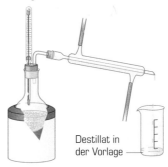

Destillat in der Vorlage

Sieben:
Trennen von Gemischen aus festen Stoffen aufgrund unterschiedlicher Korngrößen der enthaltenen Stoffe.

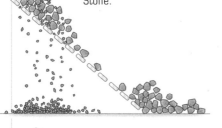

Filtrieren:
Trennung einer Suspension aufgrund unterschiedlicher Teilchengröße der enthaltenen Stoffe.

Filterrückstand

Filtrat

Dekantieren:
Trennen eines Stoffgemisches aufgrund unterschiedlicher Dichte bzw. unterschiedlicher Aggregatzustände der enthaltenen Stoffe durch Abgießen des Überstandes.

Magnetscheiden:
Trennen von Stoffgemischen aus festen Stoffen aufgrund der magnetischen Eigenschaften eines der enthaltenen Stoffe.

Extrahieren:
Trennen von Stoffgemischen unter Ausnutzung unterschiedlicher Löslichkeiten in einem bestimmten Lösemittel.

Chromatografieren:
Trennen von Stoffgemischen u. a. unter Nutzung der unterschiedlichen Haftfähigkeit verschiedener Teilchen (z. B. in Farbstoffen) auf Papier oder Kreide.

Praktikum

Trennen von Stoffgemischen

S Experiment 1

Im Handel werden Saucieren angeboten, mit denen bei fetten Soßen das flüssige Fett von der eigentlichen Soße abgetrennt wird. Dabei wird das gleiche Prinzip wie beim Scheidetrichter genutzt.

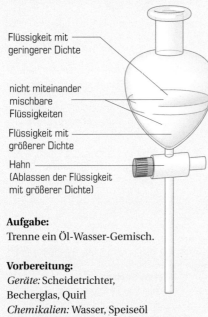

Flüssigkeit mit geringerer Dichte

nicht miteinander mischbare Flüssigkeiten

Flüssigkeit mit größerer Dichte

Hahn (Ablassen der Flüssigkeit mit größerer Dichte)

Aufgabe:
Trenne ein Öl-Wasser-Gemisch.

Vorbereitung:
Geräte: Scheidetrichter, Becherglas, Quirl
Chemikalien: Wasser, Speiseöl
Durchführung:
Verquirle Öl und Wasser miteinander. Gib das Gemisch in den Scheidetrichter.
Beobachtung und Auswertung:
Beobachte genau. Beschreibe und erläutere das Prinzip, auf dem dieses Trennverfahren beruht.

Tipp:
Dichte von
Olivenöl ca.
0,91 g· cm^{-3}
bei 25 °C

S Experiment 2

Aufgabe:
Schätze den Anteil an Kochsalz in Instantbrühe ab. Trenne dazu das Gemisch.

Vorbereitung:
Geräte: 2 Bechergläser, Trichter, Rührstab, Filterpapier, Abdampfschale, Pipette, Brenner, Messzylinder, Waage
Chemikalien: Instantbrühe, Wasser
Durchführung:
1. Wäge die Abdampfschale.
2. Mische 5 g Brühpulver mit 10 ml Wasser.
3. Filtriere das Gemisch.
4. Dampfe die Lösung ein.
5. Wäge die Abdampfschale mit dem Salz.
Auswertung:
a) Erkläre, warum es sich bei dem Rückstand nicht um einen Reinstoff handelt.
b) Schätze den Anteil des Kochsalzes in Instantbrühe ab.

S Experiment 3

In der Technik ist man bestrebt, wertvolle Stoffe aus Gemischen zurückzugewinnen. Dazu werden Lösemittel eingesetzt, in denen sich der wertvolle Stoff löst.
Mit einem Modellversuch kann ein möglicher Trennungsgang demonstriert werden. Das Kochsalz entspricht dem Stoff, der zurückgewonnen werden soll. Auch das Lösemittel kann mehrfach genutzt werden.

Aufgabe:
Mische 50 ml Wasser, 5 g Kochsalz und 5 g Sand. Trenne diese Stoffe, sodass am Ende alle Bestandteile vorliegen.

Vorbereitung:
Geräte: 2 Bechergläser, Trichter, Rührstab, Filterpapier, Destillationskolben, durchbohrter Stopfen, Kühler, Vorlage, Brenner bzw. Heizhaube
Chemikalien: Wasser, Kochsalz, Sand
Durchführung:
1. Arbeitsschritt: Filtration
2. Arbeitsschritt: Destillation
Beobachtung und Auswertung:
Notiere die Beobachtungen. Erläutere, warum die angegebene Reihenfolge der Verfahren sinnvoll ist.

‹‹ Chemie-Klick

Recherche z. B. unter www.schuelerlexikon.de

Stoffgemische und ihre Trennung im Alltag und in der Technik

Müll – ein wertvolles Stoffgemisch?
In der Natur gibt es keine Verschwendung. Der „Abfall" wird vollständig recycelt, wie schon am Beispiel des herbstlichen Laubfalls zu sehen ist. Das Laub wird im Laufe der Zeit abgebaut und die Stoffe dem Stoffkreislauf zugeführt. Andere tote organische Substanz wird ebenfalls zersetzt und letztendlich über viele Stufen wieder in anorganische Stoffe umgewandelt.

Auch in unserem Müll sind viele Stoffe enthalten, die recycelt werden können. Zu den Wertstoffen gehören Metalle, Papier, Textilien, Glas, Kunststoffe und Verbundstoffe.

Für die Aufbereitung muss das Gemisch getrennt werden. In Abfalltrennungsanlagen werden viele verschiedene Verfahren der Stofftrennung genutzt, die auf den unterschiedlichen Eigenschaften der Stoffe basieren. Einige wichtige Verfahren sollen hier vorgestellt werden. Zunächst wird an einem **Förderband** der Müll von Menschen per Hand grob vorsortiert. Vor allem sperrige Gegenstände und Folien werden entfernt.

In einer **Siebanlage** werden Stoffe nach der Teilchengröße in Fein- und Grobmüll sortiert.

Mit einem **Magnetscheider (Elektromagnet)** werden Eisenteile getrennt und als Schrott an Stahlwerke geliefert.

In einem **Windkanal** werden Teile aus Papier, Pappe, Textilien und Kunststoff aufgrund ihrer geringen Dichte und damit geringen Masse herausgeblasen. In verschiedenen **Nass-Stufen** werden infolge der unterschiedlichen Dichten Stoffe wie Holz, Hartplaste, Metalle, Keramik und Steine getrennt.

Informiere dich auch unter:
Verfahren der Erdölaufbereitung, thermische Verfahrenstechnik, mechanische Verfahrenstechnik

➤ **und mehr ...**

Chemie in Natur und Technik

Eins plus eins ist nicht immer zwei

Das Gesamtvolumen beim Mischen zweier Stoffe stimmt nicht immer mit der rechnerischen Summe dieser Volumen überein. Gibt man z. B. 50 ml Ethanol (Alkohol) in 50 ml Wasser, erhält man nach dem Mischen nicht 100 ml Lösung, sondern nur ca. 96 ml (Abb. 1).
Erkläre diese verblüffende Erscheinung.

Die Verringerung des Gesamtvolumens hat ihre Ursache in der Art der Teilchen und den Kräften, die zwischen ihnen wirken.

Stoffe lösen sich in einem Lösemittel auf, wenn die Anziehungskräfte zwischen den Teilchen des zu lösenden Stoffes durch das Lösemittel aufgehoben werden können. Die Wasserteilchen schieben sich zwischen die Alkoholteilchen. Dadurch entsteht verdünnter Alkohol als einheitliches Gemisch. Da die Alkohol- und Wasserteilchen verschieden groß sind, kann der Raum zwischen den größeren Alkoholteilchen durch die kleineren Wasserteilchen ausgefüllt werden. In einem Modellexperiment mit größeren Erbsen und kleineren Reiskörnern wird dies veranschaulicht (Abb. 2). Die Reiskörner schieben sich zwischen die Erbsen.

Außerdem bilden sich zwischen den Teilchen in der Lösung, also zwischen den Alkohol- und Wasserteilchen, schwache anziehende Kräfte aus. Durch sie rücken die Teilchen noch enger aneinander. Das Gesamtvolumen des Gemisches ist deshalb kleiner als die Summe der Einzelvolumen.

Methode

Erklären

Beim Erklären wird zusammenhängend und geordnet dargestellt, warum eine Erscheinung in der Natur so und nicht anders auftritt. Dabei wird das einzelne Phänomen auf das Wirken allgemeiner Gesetze zurückgeführt, indem dargestellt wird, dass die Wirkungsbedingungen bestimmter Gesetze vorliegen.

Auch Modelle können zum Erklären herangezogen werden. Beim Erklären sollte man deshalb Folgendes darstellen:

• Beschreibe die für das Wirken von Gesetzen und das Anwenden von Modellen wesentlichen Seiten des Phänomens. Lasse unwesentliche Seiten unberücksichtigt.

• Nenne Gesetze und Modelle, mit denen die Erscheinung erklärt werden kann, weil deren Wirkungsbedingungen vorliegen.

• Führe die Erscheinung auf das Wirken von Naturgesetzen bzw. auf das Anwenden von Modellen zurück.

1 ▸ Mischen von Alkohol (Mitte) und Wasser (rechts)

2 ▸ Modellexperiment mit Erbsen und Reis

1

Der Magnetscheider

Eisenerze liegen im Gemisch mit Gestein vor. Um aus dem Eisenerz (Abb. 1) in einem Hochofen später Roheisen herzustellen, muss zunächst die eisenhaltige Substanz vom Gestein getrennt werden. Dazu wird bei einigen Eisenerzen ein Magnetscheider genutzt.

Beschreibe den Aufbau und erkläre die Wirkungsweise eines Magnetscheiders.

Ein Magnetscheider ist ein Gerät zur Trennung eines Stoffgemisches aus Feststoffen aufgrund ihrer unterschiedlichen magnetischen Eigenschaften.

Er besteht aus einer rotierenden Trommel und einem im Inneren des Gerätes befindlichen halbkreisförmigen Magneten (Dauer- oder Elektromagnet). Der Magnet macht die Bewegung der Trommel nicht mit. Über ein Förderband wird von oben zerkleinertes Eisenerz auf die rotierende Trommel gebracht (Abb. 2).

Manche Eisenerze besitzen magnetische Eigenschaften (Ferromagnetismus). Gestein besitzt diese Eigenschaft nicht. Das führt dazu, dass die eisenhaltigen Bestandteile im zerkleinerten Erz durch den starken Magneten an die rotierende Trommel gezogen und weiter mit der Trommel herumgeführt werden als das Gestein. Das Gestein fällt sofort von der Trommel herunter und wird dort gesammelt. Die eisenhaltige Substanz kann erst herabfallen, wenn kein Magnet mehr hin-

②
① ③ ↗

Methode

Beschreiben des Aufbaus und Erklären der Wirkungsweise technischer Geräte und Anlagen

Die Wirkungsweise technischer Geräte und Anlagen lässt sich auf naturwissenschaftliche Erkenntnisse zurückführen. Oft werden Erkenntnisse über Stoffe, ihren Aufbau sowie ihre Eigenschaften und über die Umwandlung von Stoffen durch chemische Reaktionen angewendet.

Beim Beschreiben des Aufbaus und Erklären der Wirkungsweise technischer Geräte und Anlagen kann man folgendermaßen vorgehen:

• Gehe vom Verwendungszweck des technischen Gerätes bzw. der Anlage aus.

• Beschreibe wesentliche Teile des Gerätes bzw. der Anlage, die für die Anwendung naturwissenschaftlicher Erkenntnisse von besonderer Bedeutung sind. Technische Details bleiben unberücksichtigt.

• Führe die Wirkungsweise des Gerätes bzw. der Anlage auf naturwissenschaftliche Erkenntnisse, z. B. über den Aufbau und die Eigenschaften von Stoffen sowie die Umwandlung von Stoffen, zurück.

ter der Trommel ist. Die eisenhaltige Substanz wird dort gesammelt. Die Verarbeitung im Hochofen schließt sich an.

1 ▶ Transport von Eisenerzen

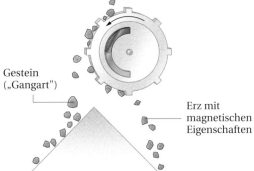

Gestein
(„Gangart")

Erz mit magnetischen Eigenschaften

2 ▶ Aufbau eines Magnetscheiders (Schema)

Aufgaben

1. Ergänze dein Glossar um folgende Begriffe.

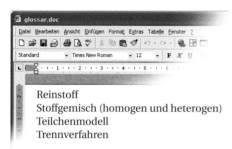

Reinstoff
Stoffgemisch (homogen und heterogen)
Teilchenmodell
Trennverfahren

2. Untersuche die Durchmischung von zwei Flüssigkeiten (z. B. Wasser und Tinte) bei 10 °C und 35 °C.
Tropfe dazu vorsichtig 10 Tropfen Tinte in das temperierte Wasser. Notiere deine Beobachtungen nach jeweils 5 Minuten. Erkläre die Beobachtungsergebnisse mithilfe des Teilchenmodells.

3. Fülle in einen Messzylinder 150 ml Wasser und kennzeichne den Wasserstand. Miss das Volumen von 100 g Zucker.
 a) Berechne das zu erwartende Gesamtvolumen.
 b) Löse den Zucker unter Rühren im Wasser und lies das Volumen ab.
 c) Erkläre mögliche Abweichungen zwischen dem rechnerisch und dem experimentell ermittelten Gesamtvolumen.

* 4. Erläutere unter Nutzung des Teilchenmodells die Änderungen des Aggregatzustandes beim Abbrennen einer Kerze und nach dem Löschen der Kerze.
Entzünde dazu eine Kerze und beobachte genau.

5. Erläutere die Aggregatzustandsänderung von Wasser in Abhängigkeit von der Temperatur mithilfe des Teilchenmodells.

6. Stelle in einer Übersicht Reinstoffe und Stoffgemische zusammen, die im Haushalt verwendet werden oder vorhanden sind. Benenne die Art der Stoffgemische.

7. Mayonnaise ist ein Stoffgemisch aus Essig, Öl, Eigelb, Salz und Zucker.
 a) Stelle Mayonnaise selbst her:
   In ein vom Eiklar getrenntes Eidotter wird unter ständigem Rühren in kleinen Portionen Speiseöl hinzugegeben. Wenn eine dicke Masse entstanden ist, kann mit Salz, Zucker, Senf, Haushaltsessig oder Zitronensaft abgeschmeckt werden.
 b) Gib an, was für ein Stoffgemisch Mayonnaise ist.

8. Die Abbildungen zeigen Stoffgemische.
 a) Benenne die abgebildeten Stoffgemische.
 b) Ordne die Beispiele nach homogenen und heterogenen Stoffgemischen.

9. Stelle in einem Hausexperiment Brausepulver her. Verwende dazu feste Zitronensäure aus der Apotheke, Zucker und Natron. Beschreibe, wie du vorgehst. Was für ein Stoffgemisch liegt vor? Begründe deine Antwort.

10. Milch ist ein heterogenes Stoffgemisch.

   a) Nenne Stoffe, aus denen Milch besteht. Nutze für die Recherche geeignete Nachschlagewerke und das Internet.

   b) Betrachte einen Tropfen Milch unter dem Mikroskop. Beschreibe die Beobachtung.

   c) Auf Verpackungen der so genannten „H-Milch" steht, dass diese Milch homogenisiert ist. Was bedeutet das?

11. Goldwäscher versuchen, im Sand und Schlamm bestimmter Flüsse Gold zu finden. Beschreibe, wie sie vorgehen. Welches Trennverfahren wird genutzt?

12. Beschreibe die verschiedenen Trennverfahren bei der Herstellung von

   a) Filterkaffee in einer Kaffeemaschine,

   b) gebrühtem Kaffee in einer Tasse,

   c) gebrühtem Tee mit einem Tee-Ei.

13. Steinchen, Sand, Zucker, Kohlepulver und Eisenspäne liegen in einem Gemisch vor.

   a) Beschreibe und begründe, wie man diese Stoffe trennen kann.

   b) Führe diese Stofftrennung in einem Experiment selbst durch.

14. Lässt man Speck aus, erhält man Schmalz. Welche Stoffeigenschaften und welches Trennverfahren werden dabei genutzt?

15. Zur Herstellung von hochprozentigem Alkohol wird das Destillationsverfahren genutzt.
Erläutere dieses Verfahren zur Herstellung alkoholischer Getränke.
Beschreibe dazu den Aufbau und die Wirkungsweise einer Destillationsapparatur.

16. In Flüssen und Bächen sowie an Zuflüssen für Teiche und Seen werden Rechen eingesetzt.
Beschreibe das Stofftrennungsverfahren.

17. Blut besteht aus dem flüssigen Blutplasma und den festen Bestandteilen (Blutzellen). Das Plasma enthält 120 verschiedene Eiweißstoffe und bildet die Grundlage für viele Arzneimittel (z. B. Präparate für die Blutgerinnung). Blutplasma und die Blutzellen werden durch Zentrifugieren getrennt.
Erläutere das Prinzip. Informiere dich im Internet.

18. Entscheide, ob Gartenerde ein reiner Stoff oder ein Stoffgemisch ist.

   a) Reibe Gartenerde zwischen den Fingern. Beobachte und beschreibe deine Beobachtung.

   b) Mische Gartenerde mit Wasser. Lasse das Gemisch anschließend ruhig stehen und beschreibe deine Beobachtung.

19. Mithilfe von Papierchromatogrammen kann man Farbgemische z. B. in Filzstiften trennen.

Informiere dich darüber, wie solche Chromatogramme entstehen.

Projekt

Wahlpflichtthema: Chromatografie

1 ▸ Welche Farbstoffe sind in diesen Süßigkeiten enthalten?

Bunt gefärbte Lebensmittel fallen auf und sind interessant. Gerade Süßigkeiten sind oft sehr farbenprächtig. Bei ihrer Herstellung werden Lebensmittelfarben verwendet. Dabei dürfen natürlich nur ungefährliche Stoffe zur Anwendung kommen. Um die Einhaltung entsprechender Vorschriften zu überprüfen, begeben sich Lebensmittelchemiker auf Spurensuche.

Mithilfe moderner Verfahren können sie jeden Inhaltsstoff ermitteln. Dabei spielt die Chromatografie eine wichtige Rolle.

Die Chromatografie ist ein physikalisches Trennverfahren. Dabei wird ein Stoffgemisch z. B. in einem Lösemittel gelöst, welches als Fließmittel wirkt. Das Fließmittel wird auf einen festen Stoff aufgebracht, z. B. Chromatografiepapier. Es transportiert die gelösten Stoffe über diesen Feststoff. Von ihm werden die gelösten Stoffe unterschiedlich gut „festgehalten". Aufgrund der unterschiedlichen Kräfte zwischen den Teilchen der gelösten Inhaltsstoffe und dem Feststoff wird das Stoffgemisch getrennt. Im Ergebnis entsteht ein Chromatogramm. Die Lebensmittelchemiker entdecken so jeden enthaltenen Farbstoff!

Die Chromatografie spielt jedoch nicht nur in der Lebensmittelanalyse eine Rolle.

Informiere dich über Anwendungsgebiete der Chromatografie. Stelle deine Ergebnisse in einer Übersicht zusammen.

Im Alltag oder im Chemieunterricht kann man mit dem „Trick Chromatografie" ganz einfach ebenfalls zum erfolgreichen Detektiv werden.

2 ▸ Chromatogramm

Tipp: Schwarze Filzstifte liefern gute und interessante Ergebnisse.

Ⓢ Experiment 1

Aufgabe:
Die in Filzstiften enthaltene Farbe stellt ein Gemisch verschiedener Einzelfarbstoffe dar. Ermittle, welche Farben in dem Gemisch enthalten sind.

Vorbereitung
Geräte: Filzstifte (wasserlöslich), Petrischalen, Filterpapier
Chemikalien: destilliertes Wasser als Fließmittel

Durchführung:

a) Trage auf das nicht gerollte Papier jeweils eine dünne Linie mit dem Filzstift auf und lasse deine Versuchsanordnung ca. eine halbe Stunde lang stehen. Überprüfe so alle Filzstiftfarben.

①

b) Trage bei einem zweiten Versuch unterschiedliche Filz-stiftfarben abschnittsweise auf das nicht gerollte Papier auf und verfahre wie bei a). Versuche, auf diese Art ver-schiedene Chromatogramme zu gestalten.

Beobachtung und Auswertung:
Stelle zusammen, welche einzelnen Farben du in deinen Filzstiften jeweils entdecken konntest.

S Experiment 2

Mischt man Cola mit Aktivkohle, kocht das Gemisch und filtriert es anschließend, erhält man hellere bzw. farblose Cola. Cola ist also gefärbt.

Aufgabe:
Finde heraus, ob es sich um einen Farbstoff oder ein Farbstoffge-misch handelt.

Vorbereitung:
Geräte: Bunsenbrenner, Dreifuß, Keramik-Drahtnetz, Abdampfschale, Siedesteine, Petrischale, Filterpapier
Chemikalien: destilliertes Wasser als Fließmittel, Cola

Durchführung:
a) Gib 20ml Cola in eine Abdampfschale und füge einige Sie-desteinchen hinzu. Erhitze vorsichtig, bis die Flüssigkeit sirup-artig wird (s. Abb. unten).
b) Gehe vor wie bei Experiment 1a).

Beobachtung und Auswertung:
Werte deine Beobachtungsergebnisse entsprechend der Aufga-benstellung aus. Ermittle, womit Cola gefärbt wird. Nutze dazu geeignete Medien.

1 ▸ Getränke sind immer Stoffgemische. Cola wurde 1886 übrigens von Dr. JOHN S. PEMBERTON erfunden. Er mischte eine medizinische Limonade zusammen, die gegen Kopfschmerzen und Magenbeschwerden helfen sollte. Da er Extrakte der Coca-Blätter und Cola-Nüsse verwendete, erhielt das Getränk den Namen Coca-Cola®. Die genaue Zusam-mensetzung ist jedoch ein Geheimnis. Angeblich soll das Rezept im gesicherten Familiensafe lagern.

S Experiment 3

Im Frühjahr freut sich jeder über das frische Grün an den Laub-bäumen. Den grünen Blattfarbstoff bezeichnet der Biologe als Chlorophyll.
Im Herbst verfärben sich die Blätter jedoch bunt. Dann können wir rote, gelbe und braune Farbtöne beobachten.

Aufgabe:
Ermittle mithilfe der Chromatografie, ob die verschiedenen Farb-stoffe erst im Herbst gebildet werden oder immer in den grünen Blättern enthalten sind.

Projekt

Tipp: Für das Experiment sind frische Spinatblätter oder Brennnesselblätter gut geeignet. Als „Notlösung" ist Gras ebenfalls verwendbar.
Arbeite nicht bei direktem Sonnenlicht, weil sich die Blattfarbstoffe dadurch schnell zersetzen.

Vorbereitung

Geräte: Chromatografiepapier, Standzylinder, Glasplatte zum Abdecken, Reibschale und Pistill

Chemikalien: grüne Blätter, feiner Sand (Seesand), Aceton 🔥, Fließmittel (Herstellung vom Lehrer: Normalbenzin 🔥, Petrolether 🔥, Aceton 🔥, im Verhältnis 10:3:3)

Durchführung:

a) Zerreibe die Blätter mit Seesand und Aceton in einer Reibschale zu einem Brei und filtriere das Gemisch.

b) Hänge nun einen Chromatografiestreifen in das Filtrat und lasse die Flüssigkeit 2–3 cm hoch aufsteigen. Nimm dann den Streifen heraus und trockne ihn.

c) Halte das nun trockene Chromatografiepapier nur mit dem unteren Rand senkrecht in reines Aceton, bis das aufsteigende Aceton das zu untersuchende Stoffgemisch auf dem Papier soweit zusammen geschoben hat, dass auf dem Papier nur noch ein dünnes Band erkennbar ist. Dieses Band dient als Startlinie.

d) Gib in den Standzylinder ca. 2 cm hoch das Fließmittel und verschließe ihn sofort. Lasse den so vorbereiteten Zylinder einige Zeit stehen, sodass sich die Dämpfe im Innenraum verteilen können.

e) Befestige das vorbereitete Chromatografiepapier im Standzylinder, indem du den oberen Rand rechtwinklig abknickst. Der untere Rand muss ungefähr 1 cm weit in das Fließmittel eintauchen, wobei sich die Startlinie unbedingt oberhalb des Fließmittels befinden muss. Verschließe das Gefäß sofort wieder.

f) Entnimm das Papier nach ca. 40 min. und lasse es trocknen. Beobachtung und Auswertung:

Betrachte das Chromatogramm und werte entsprechend der Aufgabenstellung aus. Beschrifte das Papier. Bitte dazu deinen Biologielehrer um Hilfe.

1

Das Wichtigste auf einen Blick

Stoffgemische und reine Stoffe ▸▸

Alle Körper bestehen aus Stoffen. Eine Vorstellung vom Aufbau der Stoffe beschreibt das **Teilchenmodell:**

1. Alle Stoffe bestehen aus Teilchen, zwischen denen Leere ist.
2. Die Teilchen befinden sich in ständiger Bewegung.
3. Zwischen den Teilchen wirken Kräfte.

Stoffe

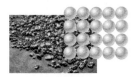

Reinstoffe bestehen nur aus einer Art von Teilchen

Stoffgemische enthalten Teilchen verschiedener Reinstoffe

heterogene Stoffgemische z. B. Emulsion (Bestandteile sind noch mit dem Mikroskop wahrnehmbar)

homogene Stoffgemische z. B. Lösung (Bestandteile sind mit dem Mikroskop nicht wahrnehmbar)

Reinstoffe

Eigenschaftskombinationen kennzeichnen einen Stoff eindeutig.

charakteristische Eigenschaften kennzeichnen einen Stoff besonders gut.

Eigenschaften kann man bestimmen oder ermitteln
• mit Sinnesorganen,
• durch Messungen und Experimente,
• aus Tabellen.

erkennt man an ihren Eigenschaften

verwendet man entsprechend ihrer Eigenschaften

Farbe, Geruch, Geschmack, Härte Aggregatzustand Löslichkeit Brennbarkeit Wärmeleitfähigkeit elektrische Leitfähigkeit Dichte Schmelztemperatur Siedetemperatur

Die Eigenschaften der reinen Stoffe bleiben im Gemisch erhalten. Dies kann zur **Trennung** genutzt werden

Verfahren	Eindunsten Eindampfen Destillieren	Schwimm-trennung, Dekantieren	Auslesen, Filtrieren	Extrahieren	Magnet-scheiden	Chromato-grafieren
genutzte Eigenschaft	Siede-temperatur	Dichte	Teilchen-größe	Löslichkeit	magnetische Eigenschaft	Haftfähig-keit

2

Metalle - von Aluminium bis Zink

Metalle – wichtige Werkstoffe ▸▸ Viele Teile an Fahrzeugen, Maschinen und Gegenständen, die wir im Alltag nutzen, bestehen aus Metallen. *Was sind Metalle? Welche Eigenschaften kennzeichnen sie?*

Metalle in der Medizin ▸▸ Für künstliche Körperteile oder Implantate werden nur ganz bestimmte Metalle verwendet. *Welche Eigenschaften ermöglichen diesen Einsatz?*

Euromünzen ▸▸ Die 10-, 20- und 50-Cent-Münzen haben eine besondere Farbe. Daher wird diese Legierung als „Nordisches Gold" bezeichnet. *Was ist eine Legierung?*

Bedeutung und Eigenschaften der Metalle

Metall	Eigenschaften	Verwendung
Eisen	legierbar, Legierungen zugfest und korrosionsbeständig	Stahl für Brücken, Maschinenteile
Kupfer	geringer spezifischer Widerstand, gute elektrische Leitfähigkeit	Elektrotechnik Kabel, Leiterelemente
Aluminium, Magnesium	legierbar, geringe Dichte	für den Bau von Flugzeugen, Fahrzeugteilen
Zink	bildet an der Luft eine Schutzschicht	Überzüge als Schutz vor Korrosion, Legierungen
Gold	beständig, glänzend, gut elektrisch leitfähig	Schmuckgegenstände, Gerätebau, Zahnfüllungen

Gold und Kupfer sind seit etwa 7 000 Jahren bekannt. Um 3 000 v. Chr. wurden erste Legierungen (spezielle Gemische von Metallen) verwendet. Ohne Metalle und ihre Legierungen ist unser Leben nicht mehr denkbar. Die Möglichkeiten ihrer Verwendung nehmen ständig zu (s. Tab.). Obwohl Metalle durch gemeinsame Eigenschaften als solche erkennbar sind, hängen Einsatz und Nutzung der Metalle mit ihren verschiedenen Eigenschaften zusammen.

Gold wurde von den Menschen zuerst verwendet, später Silber und Kupfer. Diese Metalle kamen in der Natur gediegen (als reines Metall) vor oder waren leicht zu gewinnen. Über Jahrtausende entwickelte man Arbeitstechniken zur Gewinnung der Metalle aus ihren Erzen. Die Herstellung und Bearbeitung bestimmter Metalle prägte ganze Entwicklungsepochen, z. B. die Bronzezeit (ca. 2 000 v. Chr.) oder die Eisenzeit (ca. 1 000 v. Chr.).

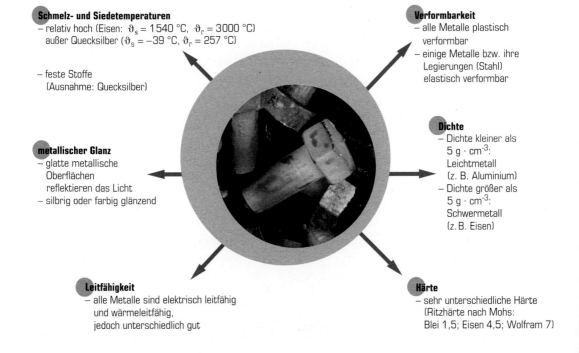

Schmelz- und Siedetemperaturen
– relativ hoch (Eisen: $\vartheta_s = 1\,540\ °C$, $\vartheta_r = 3000\ °C$) außer Quecksilber ($\vartheta_s = -39\ °C$, $\vartheta_r = 257\ °C$)

– feste Stoffe (Ausnahme: Quecksilber)

metallischer Glanz
– glatte metallische Oberflächen reflektieren das Licht
– silbrig oder farbig glänzend

Leitfähigkeit
– alle Metalle sind elektrisch leitfähig und wärmeleitfähig, jedoch unterschiedlich gut

Verformbarkeit
– alle Metalle plastisch verformbar
– einige Metalle bzw. ihre Legierungen (Stahl) elastisch verformbar

Dichte
– Dichte kleiner als $5\ g \cdot cm^{-3}$: Leichtmetall (z. B. Aluminium)
– Dichte größer als $5\ g \cdot cm^{-3}$: Schwermetall (z. B. Eisen)

Härte
– sehr unterschiedliche Härte (Ritzhärte nach Mohs: Blei 1,5; Eisen 4,5; Wolfram 7)

Aluminium

Eigenschaften: silberglänzendes, weiches Metall, sehr guter elektrischer und Wärmeleiter, sehr gut legierbar (Duraluminium)
Dichte: $2{,}7\,\text{g} \cdot \text{cm}^{-3}$ (Leichtmetall)
Schmelztemperatur: 660 °C
Siedetemperatur: 2 447 °C
Vorkommen: in der Natur nie gediegen, meist chemisch gebunden als Bauxit, Bestandteil einiger Edelsteine (Rubine, Saphire)
Verwendung: Fenster- und Türrahmen, Verpackungsmaterial, Fahrzeugbau, Flugzeugbau
Besonderheit: sehr spät entdeckt, noch im 19. Jahrhundert wegen seiner Seltenheit teurer als Silber

Blei

Eigenschaften: mattgraues, sehr weiches, giftiges Metall, geringe elektrische und geringe Wärmeleitfähigkeit
Dichte: $11{,}35\,\text{g} \cdot \text{cm}^{-3}$ (Schwermetall)
Schmelztemperatur: 327 °C
Siedetemperatur: 1 740 °C
Vorkommen: selten gediegen, meist als Bleiglanz (sulfidisches Erz)
Verwendung: wichtiger Bestandteil in einigen Akkumulatoren (u. a. Autobatterie), Bleiplatten als Schutz vor radioaktiver Strahlung, als Senkblei oder Lot, früher Bestandteil der Lettern beim Buchdruck
Besonderheit: Das Metall ist so weich, dass es auf Papier einen grauen Abrieb hinterlässt.

Gold

Eigenschaften: gelb glänzendes, weiches Metall, polierfähig, sehr dehnbar, sehr guter elektrischer und Wärmeleiter, wenig reaktionsfähig
Dichte: $19{,}32\,\text{g} \cdot \text{cm}^{-3}$ (Schwermetall)
Schmelztemperatur: 1 063 °C
Siedetemperatur: 2 972 °C
Vorkommen: gediegen (Goldader, Goldnuggets)
Verwendung: Goldschmuck (standardisierte Legierungen: 333er, 585er, 750er und 900er Gold), Zahnmedizin, Elektronik
Besonderheit: Gold lässt sich zu Blattgold von $\frac{1}{6}$ mm Dicke ausschlagen. Aus 1 g Gold kann ein Draht von 3 km Länge gezogen werden.

Quecksilber

Eigenschaften: silberglänzendes, flüssiges, sehr giftiges Metall, geringe elektrische Leitfähigkeit, schlechter Wärmeleiter, dehnt sich bei Temperaturerhöhung merklich aus, sehr gut legierbar (Amalgame)
Dichte: $13{,}53\,\text{g} \cdot \text{cm}^{-3}$ (Schwermetall)
Schmelztemperatur: −38,9 °C
Siedetemperatur: 356,6 °C
Vorkommen: selten gediegen, häufig als Zinnober (Quecksilbersulfid)
Verwendung: Füllung von Thermometern, Barometern, Manometern, Quecksilberdampf in Höhensonnen, Bestandteil von einigen Knopfzellen
Besonderheit: Quecksilber wurde im Mittelalter „argentum vivium" – „lebendes Silber" – genannt. Der Name des Metalls lässt sich von „quick" (schnell) ableiten.

Praktikum

Untersuchungen zu Eigenschaften von Metallen

S Experiment 1: Oberflächenbeschaffenheit

Lege eine Metallsammlung an (z. B. Kupferdraht, Eisendraht, Aluminiumdraht, Lötdraht (Weichlot), ein Stück Messing).
Bearbeite die Metallproben mit feinem Schmirgelpapier.
Notiere deine Beobachtungen und leite eine Schlussfolgerung ab.

S Experiment 2: plastische Verformbarkeit von Metallen

1. Bearbeite Drahtstücke aus Kupfer bzw. aus Aluminium vorsichtig mit einem kleinen Hammer.
   Beschreibe deine Beobachtungen.
2. Erkundige dich, was Blattgold ist und wie es eingesetzt wird.
3. Stelle eine Vermutung darüber auf, was beim plastischen Verformen passiert. Nutze das Teilchenmodell.

Das Reiterstandbild AUGUST *des* STARKEN *wurde mit ca. 500 Gramm Blattgold belegt.*

S Experiment 3: Härte von Metallen

Vergleiche die Härte verschiedener Metalle (z. B. Magnesium, Blei, Eisen, Kupfer).
a) Bestimme dazu die Ritzhärte nach MOHS. Beschreibe deine Vorgehensweise bei diesem Experiment.
b) Ermittle die Härte nach MOHS von den unter a) untersuchten Metallen mithilfe von Nachschlagewerken oder unter Nutzung des Internets. Vergleiche die experimentell gewonnenen Werte mit den Tabellenwerten.

S Experiment 4: elektrische Leitfähigkeit

Aufgabe:
Überprüfe die elektrische Leitfähigkeit von Metallen und anderen Materialien.

Vorbereitung:
Geräte: Glühlampe, 2 Kabel mit Krokodilklemme, Spannungsquelle
Chemikalien: Gegenstände aus unterschiedlichen Metallen, Pappstreifen, Papierstreifen, Plaststreifen, Kerze, Glasstab

Durchführung:
Bringe die unterschiedlichen Gegenstände nacheinander zwischen die Krokodilklemmen und lege eine Spannung von maximal 6 V an.

Auswertung:
Stelle die Untersuchungsergebnisse in einer Tabelle zusammen und leite jeweils Einsatzmöglichkeiten für die Materialien ab. Begründe deine Aussagen.

S Experiment 5

Untersuche den Aufbau eines Kupferkabels. Erläutere, warum dieser Aufbau sinnvoll ist. Nutze dazu die Ergebnisse aus Experiment 4!

S Experiment 6: Wärmeleitfähigkeit

Alle Metalle leiten gut die Wärme. Allerdings ist ihre Wärmeleitfähigkeit recht unterschiedlich.

Aufgabe:
Prüfe Drähte aus verschiedenen Metallen auf ihre Wärmeleitfähigkeit. Begründe den Aufbau der Experimentieranordnung.
Notiere die Zeit, die bis zum Abschmelzen der Paraffinkugel erforderlich ist. Schließe daraus auf die Wärmeleitfähigkeit des betreffenden Materials.

Vorbereitung:
Chemikalien: Kerzenmasse, Drähte aus verschiedenen Materialien
Geräte: Reagenzglasständer, Reagenzglashalter, Brenner, Uhr

Durchführung:

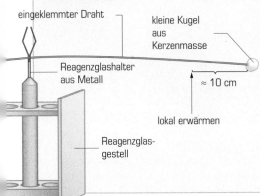

eingeklemmter Draht

kleine Kugel aus Kerzenmasse

Reagenzglashalter aus Metall

≈ 10 cm

lokal erwärmen

Reagenzglasgestell

S Experiment 7: metallischer Glanz

Den Glanz von Metallen nutzt man aus, wenn man sich im Spiegel betrachtet.
Man fertigte die Spiegelfläche häufig, indem dünne Aluminiumschichten oder auch Silberschichten auf das Glas aufgedampft werden.

Aufgabe:
Untersuche, warum man zwar Silber, aber beispielsweise kein Eisen für den Spiegel nutzen kann, obwohl man auch Eisen auf Hochglanz polieren kann.
Führe dazu das folgende Experiment durch und werte deine Beobachtungen entsprechend aus.

Vorbereitung:
Geräte: 2 Uhrglasschälchen, angefeuchtetes Filterpapier
Chemikalien: Stoffproben von Eisen und Silber (evtl. Ring aus Silber)

Durchführung:
Lege in jedes Uhrglasschälchen ein angefeuchtetes Filterpapier. Achte darauf, dass das Papier während des gesamten Versuchs nicht austrocknet. Platziere die Metallproben auf dem feuchten Filterpapier. Beobachte nach einigen Tagen.

Beobachtung und Auswertung:
Notiere deine Beobachtungen.
Stelle eine Vermutung auf, warum die Veränderungen zustande kommen und warum unterschiedliche Beobachtungen zu registrieren sind. Beantworte die Frage aus der Aufgabenstellung.

Tipp:
Tabellenwerte beziehen sich auf reine Metalle.

Der Bau der Metalle – Ursache für ihre Eigenschaften

Alle Metalle besitzen gemeinsame Eigenschaften (s. S. 50). Die Ursache dafür besteht im Bau der Metalle – in der Art ihrer Teilchen und den Kräften, die zwischen den Teilchen wirken.

Die Teilchen der Metalle: Atome

Tipp:
Informiere dich
über Modelle
auf S. 30.

Bei den Teilchen der Metalle handelt es sich um Atome. Atome sind winzig klein und nur mit dem Elektronenmikroskop zu sehen. Nach dem **Kern-Hülle-Modell** bestehen sie aus dem Atomkern, der nahezu die gesamte Masse des Atoms enthält, und der viel größeren relativ massefreien Atomhülle.

Tipp:
Neben den Protonen sind
auch neutrale
Kernbausteine,
die Neutronen,
im Atomkern
enthalten.

Im Atomkern befinden sich die **elektrisch einfach positiv geladenen Protonen (p^+).** Innerhalb der Atomhülle bewegen sich die **elektrisch einfach negativ geladenen Elektronen (e^-).** Auf Abbildungen erscheinen sie als „Elektronengas" (Abb.1). Den Chemiker interessieren besonders die kernfernen Elektronen, die **Außenelektronen (Valenzelektronen).** Bei jedem Atom ist die Anzahl der Protonen und Elektronen gleich. Sie ist für die Atomsorte charakteristisch.

1 ▸ Goldatome mit dem Elektronenmikroskop aufgenommen

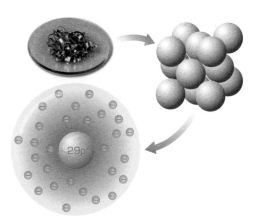

2 ▸ Kupfer besteht aus Kupferatomen mit je 29 Protonen und 29 Elektronen (Kern-Hülle-Modell).

Ⓜ Atome bestehen aus dem positiv geladenen Atomkern mit den Protonen und der negativ geladenen Elektronenhülle mit den Elektronen. Atome sind elektrisch neutral.

Einige Stoffe bestehen nur aus einer Atomsorte. Das trifft auf die Metalle zu. So ist Kupfer nur aus Kupferatomen (Abb. 2) und Aluminium nur aus Aluminiumatomen aufgebaut (Abb. 3). Solche Stoffe bezeichnet man als **Elemente.**

Ⓜ Chemische Elemente sind reine Stoffe, die nur aus einer Atomsorte aufgebaut sind.

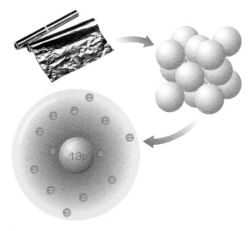

3 ▸ Aluminium besteht aus Aluminiumatomen mit je 13 Protonen und 13 Elektronen (Kern-Hülle-Modell).

Atom – Element – Symbol

Schon im Mittelalter benutzten Alchemisten bestimmte Zeichen für Stoffe, die jedoch oft ganz unterschiedlich waren (Abb. 2). In zunehmendem Maße erwiesen sich diese unterschiedlichen Zeichen als hinderlich.

Mit der Entwicklung der Wissenschaften bestand das Bedürfnis nach einer **chemischen Zeichensprache**, die in allen Ländern, unabhängig von der jeweiligen Landessprache, verstanden wurde.

JOHN DALTON (1766 – 1844) entwickelte um 1810 ein Zeichensystem, das sich jedoch nicht durchsetzte (Abb. 1).

Der Chemiker JÖNS JACOB BERZELIUS (1797–1848) schlug ein System von chemischen Zeichen vor, das noch heute verwendet wird. Er bildete die Zeichen für ein Element aus einem oder zwei Buchstaben des griechischen oder lateinischen Namens und nannte diese Zeichen **Symbole** (s. Tab.). Man kann sie aus dem Periodensystem der Elemente ablesen.

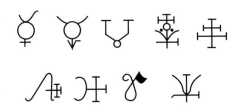

Für einige Elemente wurden oft astronomische Symbole verwendet.

2 ▸ Alchemisten nutzten verschiedene Symbole für Quecksilber, um ihre Erkenntnisse geheim zu halten.

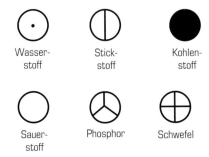

3 ▸ Symbole nach DALTON

Ⓜ Jedes Symbol hat mehrere Bedeutungen, z. B.:
1. Es ist das chemische Zeichen für ein Element.
2. Es ist das Zeichen für ein Atom des Elements.

           ┌─────── Al ───────┐
Element   1 Aluminium-
Aluminium   atom

1 ▸ JOHN DALTON (li.) und JÖNS JACOB BERZELIUS (re.) entwickelten Symbole für Elemente.

Ableitung der chemischen Symbole nach BERZELIUS			
deutsche Bezeichnung	englische Bezeichnung	lat. oder griech. Bezeichnung	Symbol
Aluminium	aluminium	**Al**uminium	Al
Blei	lead	**Pl**um**b**um	Pb
Eisen	iron	**Fe**rrum	Fe
Gold	gold	**Au**rum	Au
Kupfer	copper	**Cu**prum	Cu
Kohlenstoff	carbon	**C**arboneum	C
Sauerstoff	oxygenium	**O**xygenium	O
Schwefel	sulfur	**S**ulfur	S
Silber	silver	**Ar**gentum	Ag
Stickstoff	nitrogen	**N**itrogenium	N
Wasserstoff	hydrogen	**H**ydrogenium	H
Quecksilber	mercury	**H**ydrar**g**yrum	Hg
Zinn	tin	**St**annum	Sn

Das Periodensystem der Elemente bringt Ordnung in die Vielfalt

Heute sind über 100 Elemente und entsprechend viele Atomsorten bekannt. Ein Hilfsmittel, das Ordnung in die Vielfalt der Elemente bringt, ist nötig. Dieses Hilfsmittel ist das von LOTHAR MEYER (1830–1895) und DIMITRI MENDELEJEW (1834–1907) (Abb. 1) unabhängig voneinander entwickelte **Periodensystem der Elemente (PSE)**.

1 ▸ LOTHAR MEYER und DIMITRI MENDELEJEW entwickelten 1869 unabhängig voneinander ein Ordnungssystem für Elemente.

Zwischen dem Atombau der Elemente und ihrer Stellung im PSE besteht ein Zusammenhang. Im PSE sind die Elemente nach steigender Protonenzahl angeordnet. Ihrer Protonenzahl entsprechend ist jedem Element eine **Ordnungszahl** zugeordnet worden. Die Anzahl der Protonen eines Atoms ist gleich der Anzahl der Elektronen. Daher kann aus der Ordnungszahl die Anzahl der Protonen im Atomkern und die Zahl der Elektronen in der Atomhülle abgeleitet werden.

Alle Elemente sind im PSE in Abhängigkeit von der Anordnung der Elektronen in der Hülle seiner Atome in sieben waagerechten Reihen – den **Perioden** – angeordnet. Die Periodennummer entspricht der Anzahl der besetzten Elektronenschalen. Sie ergibt sich aus der Anzahl und der Verteilung der Elektronen in der Atomhülle.

Außer in den Perioden sind die Elemente noch in Gruppen zusammengefasst, die senkrecht angeordnet sind. Es existieren **acht Hauptgruppen und acht Nebengruppen**. Sie sind jeweils durch römische Zahlen gekennzeichnet. Bei Hauptgruppenelementen entspricht die Nummer der Hauptgruppe der Anzahl der Außenelektronen der Atome.

Der Bau der Atome bestimmt die Stellung des Elements im Periodensystem der Elemente. Die Anzahl der Protonen und Elektronen spiegelt sich in der Ordnungszahl wider, die Anzahl der Außenelektronen bei Hauptgruppenelementen in der Hauptgruppennummer und die Verteilung der Elektronen in der Elektronenhülle in der Periodennummer.

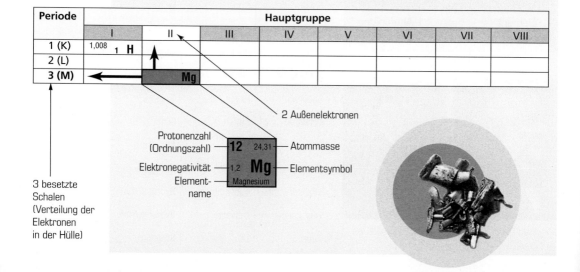

Periode	Hauptgruppe							
	I	II	III	IV	V	VI	VII	VIII
1 (K)	1,008 ₁ **H**							
2 (L)								
3 (M)		**Mg**						

2 Außenelektronen

Protonenzahl (Ordnungszahl) — **12** · 24,31 — Atommasse

Elektronegativität — 1,2 **Mg** — Elementsymbol

Elementname — Magnesium

3 besetzte Schalen (Verteilung der Elektronen in der Hülle)

2

Die Metallbindung

Feste Metalle besitzen eine kristalline Struktur, d. h. die kleinsten Teilchen der Metalle, die **Metallatome**, sind geometrisch regelmäßig in einem Gitter angeordnet, sie bilden ein Metallgitter.

Metallatome haben meist nur ein bis drei Außenelektronen. Diese Elektronen befinden sich weit vom Kern entfernt und können daher aus dem Atom austreten. Sie sind **frei beweglich** und bilden das so genannte **Elektronengas**. Sobald das erfolgt, stimmt die Zahl der Protonen und der Elektronen nicht überein. Aus den Atomen werden positiv geladene Teilchen – die **Metall-Ionen** (bzw. Atomrümpfe). Durch Aufnahme und Abgabe von Elektronen findet ein ständiger Wechsel zwischen Atomen und Ionen statt.

Zwischen den positiv geladenen Metall-Ionen und den frei beweglichen elektrisch negativ geladenen Elektronen wirken starke elektrostatische Anziehungskräfte. Sie bewirken den Zusammenhalt im Kristall. Die Art der Bindung bezeichnet man als Metallbindung.

> **M** Die Metallbindung wird durch die Anziehung zwischen den positiv geladenen Metall-Ionen (Atomrümpfen) und den negativ geladenen, frei beweglichen Elektronen bewirkt.

Dieses Modell vom Aufbau der Metalle bezeichnet man als **Elektronengasmodell**. Mit diesem Modell lassen sich viele Eigenschaften der Metalle gut erklären. Die starken Kräfte im Metallkristall bilden die Ursache für die hohen **Schmelz- und Siedetemperaturen**. Da sich die Metallatome bzw. die Metall-Ionen auf festen Gitterplätzen befinden, weisen die Metalle im Allgemeinen den festen Aggregatzustand auf.

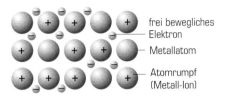

1 ▸ Anordnung der Teilchen im Metallkristall (zur Vereinfachung zweidimensionales Modell)

frei bewegliches Elektron

Metallatom

Atomrumpf (Metall-Ion)

Bei ausreichender Wärmezufuhr beginnen die Teilchen jedoch stark zu schwingen. Wird die Schmelztemperatur des jeweiligen Metalls erreicht, werden die Schwingungen der Teilchen so stark, dass sie die Anziehungskräfte im Metallkristall überwinden und ihre festen Gitterplätze verlassen. Das Metall schmilzt und geht in den flüssigen Aggregatzustand über. Die dafür notwendige Energie ist i. A. sehr hoch. Bei weiterer Energiezufuhr wird der gasförmige Zustand erreicht.

Der regelmäßige Gitterbau erlaubt es, dass die einzelnen Gitterschichten durch mechanische Krafteinwirkung gegeneinander verschoben werden können – **plastische Verformung**.

Mithilfe des Baus lässt sich auch die **elektrische Leitfähigkeit** erklären. Sie beruht auf den frei beweglichen Elektronen, die im Metallkristall vorhanden sind. Unter dem Einfluss einer Gleichspannung bewegen sie sich gerichtet, sodass es zu einem Ladungstransport kommt (Abb. 2).

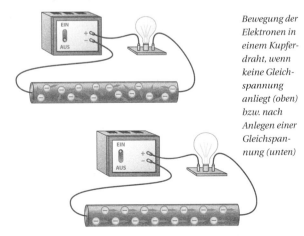

Bewegung der Elektronen in einem Kupferdraht, wenn keine Gleichspannung anliegt (oben) bzw. nach Anlegen einer Gleichspannung (unten)

Legierungen der Metalle

Viele Metalle besitzen für die technischen Anwendungen nicht die notwendige Härte oder Korrosionsbeständigkeit. Mit der Herstellung von **Legierungen** kann dieses Problem gelöst werden.

Durch das Zusammenschmelzen verschiedener Metalle, mitunter auch durch den Zusatz geringer Mengen an Nichtmetallen (z. B. Kohlenstoff), werden beim Erstarren Fremdatome in das regelmäßige Metallgitter eingebaut (Abb. 1). Wenn die Atomgröße und Gitterform der legierten Metalle annähernd übereinstimmt, kommt es zur Bildung von speziellen Mischkristallen. Ansonsten bildet jeder Legierungspartner seine eigenen Kristalle, die dann in der erstarrten Schmelze nebeneinander vorliegen.

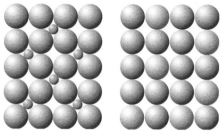

2 ▸ Bei Legierungen befinden sich zwischen den Metallatomen kleinere Atome (links), bzw. Metallatome werden durch andere Atome ersetzt (rechts).

Aluminium (5 %)
Zink (5 %)
Zinn (1 %)
Kupfer (89 %)

„Nordisches Gold"

(M) Legierungen bestehen aus zwei oder mehreren Atomsorten. Es handelt sich um Stoffgemische besonderer Art.

Legierungen besitzen andere Eigenschaften als ihre Komponenten. Beispielsweise ist Eisen relativ weich und rostet an der Luft sehr schnell. In der Industrie und im Bauwesen wird fast nur Stahl verwendet. Stahl ist eine Legierung aus Eisen mit verschiedenen Zusätzen. **Stahl** ist härter, schlagfester und oft beständiger als Eisen. Einfacher Stahl enthält maximal 1,6 % Kohlenstoff. Durch Zusätze von Nickel, Chrom, Wolfram und anderen Elementen erhält man neue Spezialstähle.

Härte nach Mohs:
Eisen 4,5
Stahl 5,0–8,5

Die Legierung **Bronze** enthält mindestens 60 % Kupfer und als zweiten Hauptbestandteil Zinn.

Während die Reinstoffe Kupfer und Zinn relativ weich sind, erreicht die Legierung Bronze eine wesentlich größere Härte. Das wurde bereits in der vorgeschichtlichen Bronzezeit erkannt und vielfältig genutzt.

Verschiedene Legierungen von Metallen		
Legierung	**Bestandteil**	**Verwendung**
Bronze	Zinn (25 %) Kupfer (75 %)	Plastiken, Kunstgegenstände, Glocken, Maschinenteile
Messing	Zink (30 %) Kupfer (70 %)	Armaturen, Beschläge, Musikinstrumente
Neusilber	Zink (25 %) Kupfer (50 %) Nickel (25 %)	Besteck, Modeschmuck
V2A-Stahl	Chrom (18 %) Nickel (8 %) Eisen (ca. 73 %)	Haushaltsgegenstände, Reaktoren in der chem. Industrie
Duraluminium	Aluminium (95 %) Kupfer (3 %) Magnesium (1 %) Mangan (1 %)	Fahrzeug- und Flugzeugbau, Profile

◀◀ Chemie-Klick

Recherche z. B. unter
www.schuelerlexikon.de

Legierungen – Stoffgemische der besonderen Art

Viele Metalle sind aufgrund ihres Baus in der Lage, Legierungen zu bilden.

Durch das Legieren werden die Eigenschaften der Komponenten, insbesondere die des Grundmetalls, verändert und so den verschiedensten Beanspruchungen angepasst.

Memory-Legierungen

Unter Memory-Legierungen versteht man Legierungen (z. B. auf Nickel-Titan-Basis), die ihre ursprüngliche Form „speichern" können. Werden Bauteile aus solchen Legierungen nun bei niedrigen Temperaturen verformt, erfolgt nur scheinbar eine plastische Verformung. Wiederum über eine kritische Temperatur erwärmt, nehmen sie ihre frühere Form wieder an. Anwendungsbeispiele sind Ver- und Entriegelungen, Schalter etc.

1 ▸ Die Legierung Bronze ist schon lange bekannt.

Amalgame

Große Bedeutung haben Amalgame in der Zahnmedizin. Seit 150 Jahren werden kariöse Zähne mit Plomben aus Amalgam versorgt. Diese Legierung gilt als preisgünstiger und verhältnismäßig einfach zu verarbeitender Füllwerkstoff. Durch mechanische Beanspruchung und elektrochemische Vorgänge kann Quecksilber austreten. Daher ist dieses Material in der Diskussion, die Legierung in der Zahnmedizin sehr umstritten.

Die Legierungsbildung von Quecksilber mit Gold (Goldamalgam) erfolgt ebenfalls sehr leicht. Goldamalgam kann auf Gegenstände gut aufgetragen werden. Durch Erhitzen verdampft das Quecksilber und eine Goldschicht verbleibt auf dem Gegenstand (Feuervergolden). Heute wird das Verfahren nur noch in der Schmuckindustrie angewandt.

2 ▸ Früher wurden Kuppeln feuervergoldet.

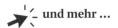 **und mehr ...**

Informiere dich auch unter:
Edelmetalle: Gold

Chemie in Natur und Technik

Kupfer oder Bronze

Kupfer war das Metall für Werkzeuge, die die Steinwerkzeuge ablösten. Trotzdem fanden Kupferwerkzeuge keine weite Verbreitung.

Bronze hat jedoch einer ganzen Epoche der menschlichen Geschichte den Namen gegeben (ca. 3000–1000 v. Chr.).

Warum gewann Bronze als Material für die Werkzeugherstellung eine viel größere Bedeutung und Verbreitung als Kupfer?

Warum wurden zur damaligen Zeit gerade Kupfer und Zinn miteinander verarbeitet und nicht Eisen, obwohl dieses Metall auch bekannt war?

Die Menschen konnten schon sehr frühzeitig Kupfer aus Erzen gewinnen und es zu Werkzeugen und Waffen verarbeiten. Besonders geeignet war Kupfer dafür jedoch nicht. Weil das Material relativ weich ist, nutzten sich die Werkzeuge schnell ab.

Möglicherweise wurde Bronze entdeckt, weil Kupfererze, die auch Zinnverbindungen enthielten, verhüttet wurden. Später wurden die reinen Metalle zusammengeschmolzen. Es ist gut möglich, dass gerade Kupfer und Zinn zu Legierungen verarbeitet wurden, weil ihre Schmelztemperaturen (Kupfer: 1083 °C, Zinn: 232 °C) unter damaligen Bedingungen (Holzfeuer) leicht zu erreichen waren und sie sich aus den Erzen gewinnen ließen. Die Schmelztemperatur von Eisen dagegen beträgt 1540 °C. Eine Verarbeitung hätte eine wesentlich größere Wärmezufuhr erfordert.

Bronze schmilzt bei niedrigerer Temperatur als Kupfer, ist härter als Kupfer, aber ebenfalls gut bearbeitbar und beständig gegenüber Witterungseinflüssen. Aus diesem Material wurden Sicheln, Messer, Schwerter, Rüstungsteile, Speerspitzen usw. gefertigt.

Geschichtlicher Überblick über die Entdeckung und Nutzung der Metalle

Zeitraum	Entdeckung der Metalle	Verarbeitung der Metalle
um 5000 v. Chr.	Gold, Kupfer	aus gediegenen Vorkommen, kalt verarbeitet zu Schmuck bzw. Waffen
um 4000 v. Chr.	Gold, Kupfer, Blei, Zinn, Eisen, Antimon	Warmbearbeitung und Schmelzen
um 3000 v. Chr.	Bronze aus Kupfer und Zinn	erste Legierungen
um 2000 v. Chr.	Silber	Schmuck
um 400 v. Chr.	Quecksilber	aus Zinnober gewonnen
um 1400		in Deutschland Eisengewinnung in Hochöfen
1700–1800	Cobalt, Nickel, Mangan, Tellur, Wolfram, Chromium, Vanadium u. v. a	Legierungsmetalle zur Stahlherstellung
1800–1850	Aluminium, Alkali- und Erdalkalimetalle (z. B. Natrium, Magnesium)	Metalle werden auf elektrochemischem Wege gewonnen.
ab 1860	Entdeckung der seltenen und radioaktiven Metalle, z. B. Radium	Strahlenquellen
ab 1940	künstliche Herstellung neuer Metalle, die in der Natur bisher nicht gefunden wurden, z. B. Plutonium	Kernreaktoren, Atombomben

Methoden

Von der Information zur Präsentation

Informationssuche

Bei der Beschäftigung mit Metallen und ihren Legierungen kann man unterschiedliche Themen bearbeiten. Hat man das Thema gefunden, beginnt das **Sammeln von Informationen.**

Auf folgende Informationsquellen kann u. a. zurückgegriffen werden:

- Lehrbücher (z. B. Kapitel 2 aus diesem Buch),
- Fachbücher,
- Interview / Expertenbefragung,
- Lexika, auch elektronische,
- das Internet.

Informationssuche mithilfe des Computers

Bei der **Informationssuche im Internet** kann man mit unterschiedlichen Suchmaschinen arbeiten (www.crawler.de, www.yahoo.de, www.google.de)

Schritt (1)

Gib zuerst über einen Web-Browser die Internet-Adresse der Suchmaschine ein.

Schritt (2)

Informiere dich darüber, wie deine Suchabfrage konkret gestellt werden muss.
(Tipp: Die für die meisten Suchmaschinen gültigen booleschen Operatoren sind das Leerzeichen, das Pluszeichen und das Minuszeichen. Eine weitere Möglichkeit, Suchabfragen einzuschränken, ist das Verknüpfen von Suchbegriffen über Operatoren wie u. a. OR, AND, NOT, NEAR, Klammern und Anführungszeichen. Die Operatoren müssen groß geschrieben und von Leerzeichen umgeben sein.)

Schritt (3)

Überlege dir treffende Schlüsselwörter (Suchbegriffe).

Schritt (4)

Frage die Informationen dann durch die Eingabe von Suchbegriffen in speziell dafür vorgesehene Suchfenster ab.
Besteht die Aufgabe beispielsweise darin, sich näher über Stahl zu informieren, erhält man unter www.google.de / Suchbegriffe: stahl+zusammensetzung u. a. folgende Ergebnisse:

Durch Anklicken ausgewählter Suchergebnisse (Links) gelangt man auf weitere Webseiten, auf denen man u. a. Informationen zu Stahlsorten und ihren Zusammensetzungen findet.
Wenn man bereits Erfahrungen mit Lexika im Internet hat, kann man sofort die entsprechende Homepage ansteuern, z. B. www.schuelerlexikon.de / Suchwort: Stahl.

Viele Nachschlagewerke werden auf CD angeboten bzw. mit CD geliefert, die zusätzliche Informationen enthält. Hier findet man ebenfalls Material für Präsentationen.

Tipp:
Werden die Suchbegriffe klein geschrieben, wird Groß- und Kleinschreibung in der Regel ignoriert, d. h., es werden sowohl die groß- als auch die kleingeschriebenen Wörter gefunden.

Die Gewinnung, Speicherung, Verarbeitung, Verbreitung und Nutzung von Informationen ist heute in der Gesellschaft von großer Bedeutung. Darum spricht man auch von Informationsgesellschaft.

Insbesondere digitale Medien bezeichnet man als „neue Medien".

Methoden

Fachtexte verstehen, aber wie?

Informationen müssen aufbereitet werden. Gerade Fachtexte sind oft „schwere Kost".

Löten verbindet metallische Werkstoffe mittels geschmolzener Zusatzstoffe oder Legierungen. Der als Lot bezeichnete geschmolzene Werkstoff, der in die Trennfuge der Werkstücke fließt, stellt eine stoffschlüssige Verbindung her. In einer solchen Verbindung stammt die Bindungsenergie von Kohäsions- oder Adhäsionskräften.

Platziert man mit der heißen Lötkolbenspitze einen Tropfen schmelzflüssigen Zinnlots auf dem Drahtende und dem zugehörigen Kontakt einer elektrischen Schaltung, bildet sich beim Erstarren des Lots eine stoffschlüssige Verbindung als Kontaktstelle zwischen den elektrischen Leitern. Dabei muss die Schmelztemperatur des Lots niedriger sein als die Temperaturen, bei denen die Werkstoffe der zu verbindenden Werkstücke schmelzen.

Zum Löten wird Weichlot (96 % Sn, 4 % Ag – Schmelzpunkt ca. 220 °C) und Hartlot (5 % Sn, 56 % Ag, 22 % Cu, 17 % Zn – Schmelzpunkt ca. 500 °C) verwendet.

Die Bearbeitung des Textes kann mit der **Fünf-Schritt-Methode** erfolgen.

Schritt (1)

Verschaffe dir einen Überblick.
• „Überfliege" den Text.

Schritt (2)

Stelle Fragen.
Um welche wesentlichen Inhalte geht es?
• Was weiß ich schon?
• Was ist mir neu? usw.

Schritt (3)

Lies gründlich.
• Aufnahme von Detailinformationen durch genaues Lesen
• Markieren von Kernaussagen und Schlüsselwörtern
• Nachschlagen von unklaren Begriffen

stoffschlüssig:
starre, unlösbare Verbindung, z.B. durch Verkleben, Verschweißen, Verlöten

Kohäsionskräfte:
Anziehungskräfte zwischen Teilchen eines Stoffes

Adhäsionskräfte:
Anziehungskräfte zwischen Teilchen verschiedener Stoffe

Schritt (4)

Fasse zusammen.
• Wiedergabe der Kernaussagen in kurzen Texten, im Schema, als Mind-Map usw.

Schritt (5)

Wiederhole.
• Darstellung der inhaltlichen Textaussagen mit eigenen Worten.

Beispiel: Schritt 1
Es geht um das Löten. Dazu nutzt man Werkstoffe, die Lot genannt werden.

Schritt 2
• Was ist „Löten"?
• Wie funktioniert das Löten?
• Womit wird gelötet?

Schritt 3
In eine Kopie oder einen Ausdruck des Textes werden Anmerkungen eingetragen.

Begriffserklärung
Löten verbindet metallische Werkstoffe mittels geschmolzener Zusatzstoffe oder Legierungen.

Prinzip des Verfahrens
Der als Lot bezeichnete geschmolzene Werkstoff, der in die Trennfuge der Werkstücke fließt, stellt eine stoffschlüssige Verbindung her. In einer solchen Verbindung stammt die Bindungsenergie von Kohäsions- oder Adhäsionskräften.

Platziert man mit der heißen Lötkolbenspitze einen Tropfen schmelzflüssigen Zinnlots auf dem Drahtende und dem zugehörigen Kontakt einer elektrischen Schaltung, bildet sich beim Erstarren des Lots eine stoffschlüssige Verbindung als Kontaktstelle zwischen den elektrischen Leitern. Dabei muss die Schmelztemperatur des Lots niedriger sein als die Temperaturen, bei denen Werkstoffe der zu verbindenen Werkstücke schmelzen.

Methoden

Legierungsarten

Zum Löten wird Weichlot (96 % Sn, 4 % Ag – Schmelzpunkt ca. 220°) und Hartlot (5 % Sn, 56 % Ag, 22 % Cu, 17 % Zn – Schmelzpunkt ca. 500 °C) verwendet.

Schritt 4 und 5

Auf der Grundlage der markierten Textstellen kann eine Zusammenfassung erstellt und der Text mit eigenen Worten wiedergegeben werden.

Präsentation von Ergebnissen

Haben die Gruppenmitglieder genügend Informationen zusammengetragen, müssen die Ergebnisse für andere dargestellt werden:

- Plakat oder Wandzeitung,
- Zeitung,
- Vortrag,
- Belegarbeit,
- Darstellung mithilfe von Präsentationsprogrammen (z. B. Power Point)

Wichtig ist, dass Texte ansprechend gestaltet und möglichst mit Abbildungen versehen sind.

Zahlenmaterial kann u. a. mithilfe eines **Tabellenkalkulationsprogramms** zusammengestellt und in Form von **Diagrammen** veranschaulicht werden.

Schritt ①

Markiere deine Tabelle. Tipp: Am besten ist es, wenn Zahlen und Beschriftungen ohne Leerzeichen und Leerspalten zusammenstehen.

Schritt ②

Starte den Diagrammassistenten.

Schritt ③

Wähle den dir geeignet erscheinenden Diagrammtyp aus.

Schritt ④

Lege den Datenbereich fest.

Schritt ⑤

Verschaffe dir einen Überblick. Lege die Beschriftung (Diagrammtitel, Achsenbeschriftung, Legende, Datenbeschriftung) fest.

Schritt ⑥

Bestimme, ob das Diagramm ein extra Fenster bekommen soll oder auf dem Tabellenblatt erscheinen soll.

Schritt ⑦

Drucke deine Ergebnisse aus.

Auch die Zusammensetzung spezieller Legierungen, wie beispielsweise von Hart- und Weichlot lässt sich darstellen. Als Diagrammtyp ist die Darstellung in Form von Kreisdiagrammen sinnvoll.

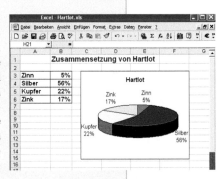

Mithilfe von Präsentationsprogrammen können Folien erstellt werden z. B. für einen Vortrag.

Löten verbindet metallische Werkstoffe mittels geschmolzener Zusatzstoffe oder Legierungen.
Hartlot und Weichlot sind solche besonderen Legierungen.

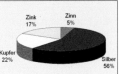

Aufgaben

1. Ergänze dein Glossar um folgende Begriffe.

- Atom
- Elektron
- Legierung
- Metall
- Metallbindung
- Proton
- Symbol

2. Die folgende Abbildung zeigt Gegenstände aus dem Haushalt, die aus Metallen gefertigt werden.
Begründe, warum gerade diese Gegenstände aus Metallen sind. Gehe dabei auf wichtige Eigenschaften der Metalle ein.

3. Vergleiche die Härte verschiedener Metalle (z. B.: Magnesium, Blei, Eisen, Kupfer). Bestimme dazu die Ritzhärte nach MOHS (s. S. 20). Notiere Beobachtungen und ziehe Schlussfolgerungen.

4. Die elektrische Leitfähigkeit von Stoffen kann experimentell geprüft werden.
Plane ein einfaches Experiment zum Vergleichen der elektrischen Leitfähigkeit von Glas, Eisen, Kupfer, Holz, Plast. Führe das Experiment durch und werte es aus.

5. Stelle für verschiedene Metalle die Schmelz- und Siedetemperaturen zusammen.

6. Plane ein Experiment, mit dem man die Dichte eines unbekannten Metallstücks bestimmen kann, und führe es durch.

7. Erläutere den Zusammenhang zwischen dem Bau der Stoffe und ihren Eigenschaften am Beispiel der Metalle.

8. Nenne technische Verfahren, bei denen die Verformbarkeit von Metallen ausgenutzt wird. Gib Produktbeispiele an, die mit diesen Verfahren hergestellt wurden.

9. Unterhalb der Angelpose wird meist ein Metallkörper befestigt.
Warum verwendet man dazu das Metall Blei und nicht Aluminium? Begründe.

*10. Warum sind Isolationsmaterialien für Bauzwecke häufig zusätzlich mit einer Aluminiumfolie versehen? Begründe.

11. Radiatoren, Heizwendeln, Bügeleisen und andere Gegenstände im Haushalt bestehen aus Metallen.
Begründe, warum Metalle für deren Herstellung verwendet werden.

12. Autofedern fertigt man aus Stahl. Welche Eigenschaft des Stahls wird genutzt? Warum ist die Herstellung aus Eisen nicht zweckmäßig?

2

13. Die Wikinger benutzten auf ihren Seefahrten frei beweglich gelagerte Pfeile aus Metall zur Orientierung. Um welches Metall könnte es sich gehandelt haben?
Beschreibe die Funktion dieses Hilfsmittels.

* 14. Vergleiche die Eigenschaften von Eisen und Stahl in einer Tabelle. Stelle einen Zusammenhang zum Bau her. Welche Verwendungsmöglichkeiten beider Stoffe ergeben sich aus den Eigenschaften?

15. Gib die Namen der Elemente an: Ar, H, Fe, Ge.

16. In einem Goldring ist die Zahl 333 eingraviert. Wie viel Gramm reines Gold enthält der Ring, wenn er eine Masse von 10 g hat?

17. Gib die Symbole für folgende Metalle an.
a) Gold   **d)** Aluminium
b) Kupfer   **e)** Cadmium
c) Gallium   **f)** Eisen

18. Ermittle die Eigenschaften und die Verwendung von drei metallischen Elementen. Nutze dazu verschiedene Medien.

19. Zeichne das Kern-Hülle-Modell für ein Magnesiumatom (12 Protonen) und ein Lithiumatom (3 Protonen).

20. Bereite einen Vortrag über das Leben und die Leistungen von JÖNS JAKOB BERZELIUS vor.

21. Überprüfe die Eurocent-Münze mit einem Magneten. Leite aus deiner Beobachtung eine Aussage über die Zusammensetzung der Münzen ab. Überprüfe diese Vermutung mithilfe des Internets.

22. Gold ist ein begehrtes Edelmetall. Informiere dich über die Verfahren zur Goldgewinnung.

23. Im Periodensystem findest du u. a. dieses Kästchen.
Gib an, welche Informationen daraus abgeleitet werden können.

Periode	Hauptgruppe							
	I	II	III	IV	V	VI	VII	VIII
1 (K)								
2 (L)								
3 (M)								
4 (N)		20 Ca						

20	40,08
1,0	**Ca**
Calcium	

24. Ergänze die folgende Tabelle mithilfe des Periodensystems der Elemente.

Element	Symbol	Ordnungs-zahl	p⁺	e⁻
Magnesium			12	
Kohlenstoff				6
Natrium	Na			
	S		16	
		1		
Blei				

25. Große Kirchenglocken werden häufig aus Bronze gegossen.
Erläutere, warum du das chemische Zeichen für Bronze nicht im Periodensystem der Elemente finden kannst.

Projekt

Wahlpflichtthema: Legierungen und ihre Herstellung

Vielleicht konntest du bei einem Sportwettkampf schon einmal eine Medaille gewinnen. Sie ist ein Symbol für die Platzierung. Gold und Silber galten schon immer als wertvolle Stoffe und stehen für Platz 1 bzw. 2. Bronze ist hart und beständig und „ersetzt" das relativ weiche Kupfer. Die Bronzemedaille symbolisiert Platz 3. Bronze ist die erste bedeutsame Legierung, die gezielt hergestellt wurde. Daneben spielte auch Stahl eine Rolle. Werkzeuge aus Stahl ersetzten die bronzenen Werkzeuge aber erst, als Verfahren zur Eisenherstellung aus Erzen gefunden waren.

1 ▸ Heute gehören Gold-, Silber- und Bronzemedaille bei sportlichen Wettkämpfen zu den Siegerpreisen.

1. *Informiere dich über die Geschichte der Metallgewinnung und Metallverarbeitung. Gehe dabei besonders auf Bronze und Eisen bzw. Stahl ein.*

Heute sind aus unserem Alltag Legierungen nicht mehr wegzudenken.

S Experiment 1

Aufgabe:
Verbinde zwei Kupferdrähte durch Verlöten und teste danach die elektrische Leitfähigkeit!

Vorbereitung:
Geräte und Chemikalien: Lötkolben, Lot, Kupferdraht, Batterie, Lampe, Kabelmaterial, Krokodilklemmen

Durchführung:
a) Verdrille zwei Drähte miteinander und fixiere sie. Erhitze die Verbindungsstelle mit der Lötkolbenspitze und führe dann den Lötzinn heran. Lasse die Lötstelle möglichst erschütterungsfrei abkühlen.

2 ▸ Elektronische Bauteile werden durch Verlöten auf der Leiterplatte befestigt.

b) Teste die elektische Leitfähigkeit der verbundenen Drähte.

Beobachtung und Auswertung:
Notiere die Beobachtungen und erkläre sie.
Ermittle die Zusammensetzung des Lots. Welche Eigenschaften muss es aufweisen, damit man die Kupferdrähte verbinden kann?

2. *Informiere dich über weitere wichtige Legierungen. Gib die jeweiligen Metalle an, aus denen die Legierung besteht. Wo kommen diese Legierungen zum Einsatz? Präsentiere deine Ausführungen tabellarisch.*

Legierungen werden heute gezielt hergestellt. Eine Legierung mit ganz verblüffenden Eigenschaften ist z. B. das so genannte Memory-Metall Nitinol.

Ein Stück dieses Löffels (Abb. 1) ist aus der Legierung gefertigt. Dadurch verbiegt sich der Löffel, sobald er in ein heißes Getränk gegeben wird.

Diese Legierung kommt aber heute nicht nur bei der Herstellung solcher Scherzartikel zum Einsatz, sondern findet vielfach nützliche Verwendung.

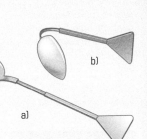

b)

a)

3. *Informiere über die Memory-Eigenschaften von Nitinol. Wo kommt es zum Einsatz?*

4. *Welche verschiedenen Möglichkeiten gibt es, um Legierungen zu produzieren? Informiere dich dazu in geeigneten Medien, z. B. unter www.schuelerlexikon.de.*

1 ▸ Heißes Wasser hat auf diesen Löffel eine verblüffende Wirkung.

🅂 **Experiment 2**

Aufgabe:
Untersuche verschiedene Stoffgemische von Eisen und Kupfer.
Vorbereitung:
Geräte: Filterpapier, Spatel, Magnet, Becherglas, Tiegelzange, Brenner
Chemikalien: Eisenpulver, Kupferpulver, Eisennagel, Kupfer(II)-sulfatlösung ✖

Tipp: Halte zwischen den Magneten und das Stoffgemisch ein Stück Filterpapier. Das erleichtert das Aufräumen!

Durchführung:
a) Stelle ein Stoffgemisch aus Eisen und Kupfer her, indem du gleiche Anteile Eisenpulver und Kupferpulver auf einem Stück Filterpapier vermischt.
Überprüfe das Stoffgemisch, indem du langsam einen Magnet an das Stoffgemisch heranführst.
b) Tauche einen blanken Eisennagel mindestens 10 min in eine Kupfer(II)-sulfatlösung (siehe Abbildung). Nimm ihn heraus, spüle kurz unter fließendem Wasser ab.
Erhitze anschließend den Nagel in der heißen Brennerflamme! Führe wiederum einen Magneten an das so gebildete Stoffgemisch heran.

Beobachtung und Auswertung:
Notiere deine Beobachtungen zu den beiden Experimenten in einer Tabelle. Entscheide, was für Stoffgemische du jeweils hergestellt hast. Begründe deine Entscheidung mithilfe deiner Beobachtungen.

Projekt

Legierungsbildung kann für einen „Zauber" genutzt werden.

Tipp: Für das Lehrerexperiment sollten natürlich keine Münzen zum Einsatz kommen, die noch Gültigkeit besitzen.

L Experiment 3

Aufgabe:
Führe Protokoll. Notiere die einzelnen Arbeitsschritte und gib die jeweiligen Beobachtungen an.
Vorbereitung:
Geräte: Becherglas, Tiegelzange, Brenner, Dreifuß, Metallgitter
Chemikalien: Natriumhydroxidlösung (30 %-ig) 🖻, Kupfermünze, Zinkpulver
Durchführung:
Die Natriumhydroxidlösung wird zusammen mit dem Zinkpulver erhitzt. In die leicht siedende Flüssigkeit gibt man ca. eine Minute lang die Kupfermünze.
Dann holt man die Münze vorsichtig heraus und wäscht sie ab. Die trockene Münze wird jetzt einige Male durch die heiße Brennerflamme gezogen.
Beobachtung und Auswertung:
Stelle eine begründete Vermutung auf: Welche Legierung könnte nach dem Erhitzen entstanden sein?

1 ▸ Die Alchemisten suchten nach einem Rezept, um unedle Metalle in Gold zu verwandeln. Einige behaupteten, dieses Geheimnis gelöst zu haben. Kannst du erklären, wie sie die Menschen täuschen konnten?

Legierungen haben seit langer Zeit eine hohe Bedeutung bei der Herstellung von Münzen. Auch bei den dir bekannten Euromünzen kommen einige Legierungen zum Einsatz.

S Experiment 4

Aufgabe:
Untersuche die magnetischen Eigenschaften der Euromünzen.
Vorbereitung:
Materialien: alle Cent- und Euromünzen, Magnet
Durchführung:
Sortiere die Münzen aufsteigend nach ihrem Wert.
Untersuche jede auf ihre magnetischen Eigenschaften. Achte darauf, welcher „Kraftaufwand" erforderlich ist, um den Magnet wieder von den Münzen zu lösen.
Beobachtung und Auswertung:
Sortiere die Euromünzen nach der Stärke ihrer magnetischen Eigenschaften. Informiere dich über die Zusammensetzung der Euromünzen und stelle einen Zusammenhang zu deinen Beobachtungsergebnissen her.

2 ▸ Sollte Kupfer doch magnetisch sein oder gibt es eine andere Erklärung für das Phänomen?

Das Wichtigste auf einen Blick

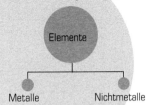

Metalle und ihre Legierungen

Elemente

Metalle   Nichtmetalle

– relativ hohe Schmelz-
  und Siedetemperaturen
  (alle außer Quecksilber feste Stoffe)
– metallischer Glanz
– elektrisch und wärmeleitfähig

Metalle sind chemische Elemente. Ein chemisches Element ist ein Stoff, der nur aus einer Atomsorte aufgebaut ist.
Reine Metalle sind nur aus einer Atomsorte aufgebaut, z. B. besteht reines Aluminium nur aus Aluminiumatomen.

Ein Symbol ist
- ein Zeichen für ein chemisches Element,
- ein Zeichen für ein Atom des Elements.

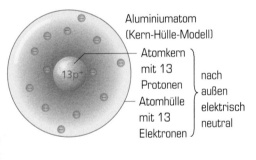

Aluminiumatom
(Kern-Hülle-Modell)

13p⁺

Atomkern
mit 13
Protonen

Atomhülle
mit 13
Elektronen

nach
außen
elektrisch
neutral

Bau der Metalle
Nach dem Elektronengasmodell wechseln sich Atome und Ionen durch Abgabe bzw. Aufnahme von Elektronen ständig ab. Der Zusammenhalt im Metallkristall wird durch die Metallbindung bewirkt. Die Metallbindung beruht auf der elektrostatischen Anziehung zwischen den positiv geladenen Metall-Ionen (Atomrümpfen) und den frei beweglichen Elektronen.

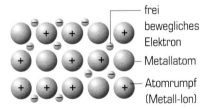

frei
bewegliches
Elektron

Metallatom

Atomrumpf
(Metall-Ion)

Legierungen
Legierungen bestehen aus zwei oder mehreren Atomsorten. Sie entstehen u. a. durch Zusammenschmelzen von Metallen mit anderen Elementen.
Durch Legierungsbildung werden die Eigenschaften beeinflusst.

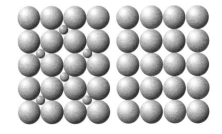

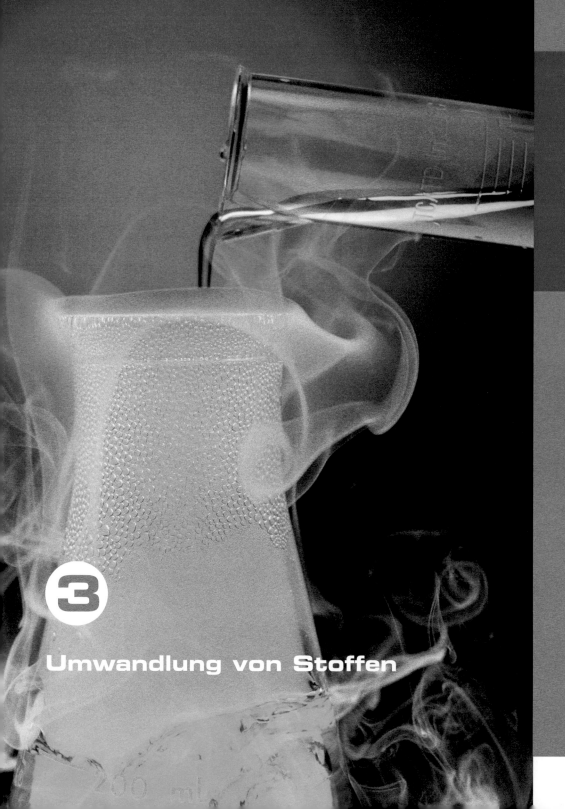

3

Umwandlung von Stoffen

3

Alltägliche Veränderungen ▶▶ Brennt eine Kerze, verschwindet sie scheinbar. Gegenstände aus Eisen verändern sich an feuchter Luft. Ein unreifer, grüner Apfel schmeckt viel saurer als ein reifer Apfel.

Was passiert mit den Stoffen? Was bedeuten diese Veränderungen?

Zauberei in der Küche ▶▶ Beim Plätzchen Backen bereitet man einen Teig, formt Gebäckstücke und erhitzt sie eine Weile im Herd. Auch der geschichtete Auflauf wird vor dem Essen der Hitze ausgesetzt. Durch diese Behandlung entstehen leckere Speisen.

Warum verändern sich Bekömmlichkeit und Geschmack?

Physikalischer Vorgang oder chemische Reaktion?

Erhitzt man Wasser stark, nimmt die Wassermenge im Gefäß mit der Zeit ab. Das flüssige Wasser geht in den gasförmigen Aggregatzustand über. Hält man eine kalte Glasplatte in den Wasserdampf, kondensiert der Wasserdampf wieder. Beim Erhitzen des Wassers ändert sich nur der Aggregatzustand. Nach dem Abkühlen liegt der **gleiche Stoff mit seinen charakteristischen Eigenschaften** wieder vor. Diese Zustandsänderung ist ein **physikalischer Vorgang.**

Zündet man eine Kerze an, verschwindet auch die Kerze scheinbar. Im oberen Teil ist das Kerzenwachs jedoch flüssig geworden. Überprüft man die Gase, die sich gebildet haben, kondensiert kein Kerzenwachs, sondern ebenfalls Wasser an der Scheibe. Außerdem schlägt sich oft Ruß nieder. Weiterhin ist Kohlenstoffdioxid nachweisbar. Das feste Kerzenwachs (Paraffin) ist wirklich nicht mehr vorhanden. Dafür sind andere Stoffe entstanden. Kohlenstoffdioxid ist ein farbloses Gas und Wasser bei Raumtemperatur eine farblose Flüssigkeit. Ruß ist zwar ein fester Stoff, unterscheidet sich hinsichtlich seiner anderen Eigenschaften vollkommen vom Paraffin.

Offensichtlich wurden **neue Stoffe mit neuen Eigenschaften** gebildet, die auch nach dem Löschen der Kerze erhalten bleiben. Solche Prozesse bezeichnet man als **chemische Reaktionen.**

> **Chemische Reaktionen sind durch Stoffumwandlungen gekennzeichnet. Es entstehen neue Stoffe mit (bleibenden) neuen Eigenschaften.** Ⓜ

Damit diese Stoffumwandlung erfolgen kann, muss Paraffin mit dem Sauerstoff der Luft reagieren. Man bezeichnet die Stoffe, die vor der Reaktion vorlagen, als **Ausgangsstoffe (Edukte)** und die Stoffe, die bei der chemischen Reaktion entstehen, als **Reaktionsprodukte (Produkte).**

Die chemische Reaktion kann man durch eine **Wortgleichung** beschreiben, wobei der Reaktionspfeil die Verlaufsrichtung angibt (Abb. 1).

Chemische Reaktionen kann man im Alltag häufig beobachten. Beispielsweise verändert sich Zucker beim Erhitzen. Er wird braun und ein Geruch nach Karamell wird wahrnehmbar. Auch der Geschmack ändert sich. Ein neuer Stoff mit neuen Eigenschaften ist entstanden. Somit läuft beim Erhitzen von Zucker eine chemische Reaktion ab.

$$\text{Zucker} \xrightarrow{\text{Erhitzen}} \text{Karamell}$$

1 ▸ Bei chemischen Reaktionen bilden sich aus Ausgangsstoffen Reaktionsprodukte.

3

Damit es zur Stoffumwandlung von Zucker in Karamell kommt, muss er erhitzt werden. Es wird thermische Energie zugeführt. Die **Energie der Reaktionsprodukte** ist bei solchen Reaktionen **größer als die Energie der Ausgangsstoffe.** Solche Reaktionen bezeichnet man als **endotherm** (Abb. 1).

Im Alltag begegnen uns endotherme Reaktionen häufig. So ist der Backprozess endotherm. Auch bei der Zubereitung von Speisen durch Kochen oder Braten laufen endotherme Reaktionen ab. Die Veränderung der Eigenschaften erkennt man beispielsweise am veränderten Geschmack.

Es existieren auch Reaktionen, bei denen die Zufuhr von Energie nicht in Form von Wärme, sondern von Licht erfolgen muss. Ein Beispiel dafür ist die Fotosynthese – ein Stoffwechselprozess bei Pflanzen, bei dem Kohlenstoffdioxid und Wasser in Traubenzucker und Sauerstoff umgewandelt werden.

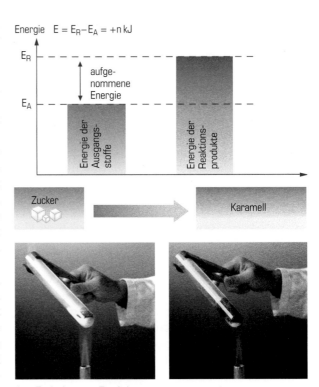

$$\text{Energie} \quad E = E_R - E_A = +n\,kJ$$

E_R

aufgenommene Energie

E_A

Energie der Ausgangsstoffe

Energie der Reaktionsprodukte

Zucker → Karamell

1 ▸ Endotherme Reaktion

Bei anderen chemischen Reaktionen muss nur kurz erhitzt werden. Dann reagieren die Stoffe ohne Energiezufuhr von außen weiter, z. B. beim Verbrennen einer Kerze. Bei der chemischen Reaktion wird Energie in Form von Wärme und Licht abgegeben. Die **Energie der Reaktionsprodukte ist geringer als die Energie der Ausgangsstoffe.** Diese Reaktionen bezeichnet man als **exotherm** (Abb. 2).

Das Rosten von Eisen ist ebenfalls eine exotherme Reaktion. Der Prozess läuft ab, ohne dass man mit einem Brenner kurz erhitzen muss. Zum Auslösen der chemischen Reaktion reicht schon die Außentemperatur.

(M) **Stoffumwandlungen sind immer mit Energieumwandlungen verbunden. Nach Art der energetischen Erscheinungen unterscheidet man endotherme und exotherme Reaktionen.**

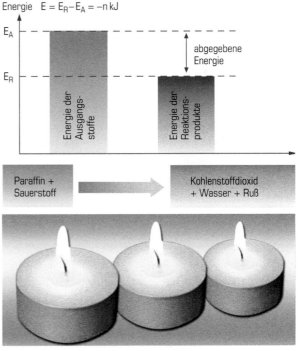

$$\text{Energie} \quad E = E_R - E_A = -n\,kJ$$

E_A

abgegebene Energie

E_R

Energie der Ausgangsstoffe

Energie der Reaktionsprodukte

Paraffin + Sauerstoff → Kohlenstoffdioxid + Wasser + Ruß

2 ▸ Exotherme Reaktion

Wichtige chemische Reaktionen im Alltag und in der Natur

Korrosion und Korrosionsschutz

Viele Metalle verändern sich ohne zusätzliche Energiezufuhr an der Luft. Sie korrodieren. Besonders trifft dies auf Eisen zu. Mit der Zeit bilden sich auf der Oberfläche der Gegenstände braune Flecken. Rost ist porös. Seine Eigenschaften unterscheiden sich stark von denen des Eisens.

Diese Stoffumwandlung kann beobachtet werden, wenn Eisengegenstände feuchter Luft ausgesetzt sind.

Die Umwandlung von Eisen in Rost erfolgt bei Anwesenheit von Sauerstoff und Wasser (Abb. 1). Weil diese Schicht sehr porös ist, können Wasser und Luft an das darunter befindliche Eisen gelangen. Dadurch können Gegenstände aus Eisen völlig durchrosten und zerstört werden.

Andere Metalle, wie z.B. Aluminium, bilden eine feste Oxidschicht (Passivschicht), die die darunter liegenden Metallschichten von der Luft abschirmt. Dadurch schützt diese Oxidschicht vor einer völligen Zerstörung der Metalle durch

Korrosion. Beim **Eloxieren** wird diese Schicht sogar künstlich verstärkt.

Um wirtschaftliche Schäden gering zu halten, müssen besonders Eisen- und Stahlteile vor feuchter Luft geschützt werden.

Am einfachsten ist dies durch Einölen und Einfetten der Gegenstände zu erreichen. Haltbarer sind Anstriche mit Rostschutzfarben oder das Auftragen von Lacken.

Vielfach werden auch Beschichtungen mit anderen Metallen (z. B. mit Zink, Nickel und Chrom) angewendet. Man nutzt aus, dass nicht alle Metalle gleich gut mit Sauerstoff reagieren.

Eine weitere Möglichkeit des Rostschutzes besteht in der Herstellung von besonders legierten Stahlsorten. Der Einsatz von korrosionsfesten Stählen kommt besonders bei Brücken und Metallkonstruktionen zur Anwendung (Abb. 2).

> Die langsame Zerstörung von Metallen unter dem Einfluss feuchter Luft nennt man Korrosion. **M**

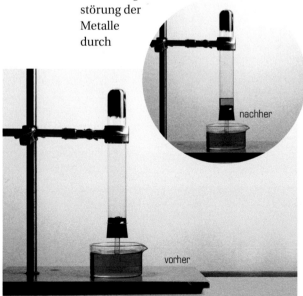

1 ▸ Beim Rosten wird ein Teil der Luft verbraucht.

2 ▸ Diese Brückenkonstruktion wird durch einen Lasttest auf Stabilität geprüft.

Traubenzucker: Reaktionsprodukt und Ausgangsstoff

Schauen wir uns um, stellen wir auch bei Lebewesen stoffliche Veränderungen fest. Im Laufe des Sommers verändern sich die Äpfel am Baum. Im Frühsommer schmecken Äpfel sauer. Sind sie reif, schmecken sie süß.

Der Zucker im Apfel entstand im Ergebnis der Fotosynthese. Für diesen biochemischen Prozess hat die Pflanze Wasser aus dem Boden und Kohlenstoffdioxid aus der Luft aufgenommen. Unter Nutzung der Lichtenergie wurden diese Ausgangsstoffe in Traubenzucker und Sauerstoff umgewandelt.

$$\text{Kohlenstoffdioxid} + \text{Wasser} \xrightarrow{+ \text{Licht}}$$
$$\text{Traubenzucker} + \text{Sauerstoff}$$

Auch im menschlichen Körper laufen viele chemische Reaktionen ab.

Unser Körper benötigt für alle Lebensprozesse Energie. Diese Energie wird durch die Reaktion von Sauerstoff mit Traubenzucker (Glucose) freigesetzt. Diese Reaktion bezeichnet man als innere Atmung bzw. biologische Oxidation. Sie findet in allen lebenden Zellen unseres Körpers statt (Abb. 2). Im Ergebnis bilden sich Kohlenstoffdioxid und Wasser. Kohlenstoffdioxid wird über das Blut zu den Lungen transportiert und dort an die Umgebung abgegeben. In der Ausatmungsluft ist das Gas nachweisbar.

$$\text{Traubenzucker} + \text{Sauerstoff} \xrightarrow{- \text{Wärme}}$$
$$\text{Kohlenstoffdioxid} + \text{Wasser}$$

> **M** In Lebewesen laufen zahlreiche chemische Reaktionen ab. Auch sie sind durch Stoff- und Energieumwandlung gekennzeichnet.
> Man bezeichnet sie als **biochemische Reaktionen.**

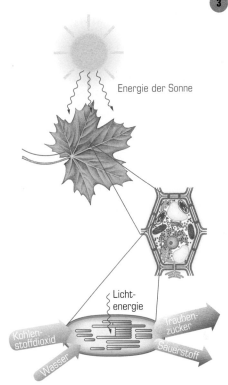

Energie der Sonne

Lichtenergie

Kohlenstoffdioxid

Wasser

Traubenzucker

Sauerstoff

1 ▸ Die Fotosynthese ist ein Prozess, der in den Chloroplasten pflanzlicher Zellen stattfindet.

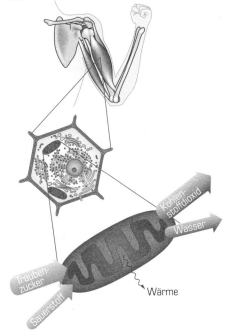

Kohlenstoffdioxid

Wasser

Traubenzucker

Sauerstoff

Wärme

2 ▸ Die innere Atmung ist ein Prozess, der in den Mitochondrien der lebenden Zellen stattfindet.

Chemische Reaktionen von Metallen

Chemische Reaktion mit Sauerstoff

Tipp:
Stelle nie einen
Topf ohne
Wasser auf die
heiße Herd-
platte.

Beim Erwärmen verschiedener Stoffe an der Luft laufen oft chemische Reaktionen ab. Dies ist auch bei Metallen der Fall.

Rotbraunes Kupfer färbt sich beim Erhitzen schwarz. Es hat sich Kupferoxid gebildet. Die Eigenschaften verändern sich unter energetischen Erscheinungen dauerhaft. Die Stoffumwandlung erfolgt aber nur dort, wo auch Luft bzw. Sauerstoff vorhanden ist (Abb. 1).

Kupfer + Sauerstoff → Kupferoxid

Erhitzt man Eisenwolle, bildet sich ein schwarzgraues Pulver, ein Eisenoxid.

Eisen + Sauerstoff → Eisenoxid

Wird silberglänzendes Magnesium kurz erhitzt, verbrennt es mit starker Wärmeentwicklung und greller Flamme. Dabei bildet sich ein weißer Stoff – das Magnesiumoxid.

Magnesium + Sauerstoff →
Magnesiumoxid

Die Reaktionen der Metalle mit Sauerstoff sind exotherme Reaktionen. Es entstehen **Metalloxide.**

Die Teilchen der Ausgangsstoffe verbinden sich zu Teilchen der Reaktionsprodukte. Beispielsweise reagieren die Magnesiumatome mit den Sauerstoffteilchen zu Teilchen des Magnesiumoxids. Diese sind aus zwei verschiedenen Elementen zusammengesetzt. Solche Stoffe bezeichnet man als **Verbindungen.** Die chemischen Zeichen für Verbindungen sind **Formeln,** z. B. ist die Formel für Magnesiumoxid MgO.

Verbindungen sind Reinstoffe, deren Teilchen aus zwei oder mehreren Atomarten zusammengesetzt sind.

Die Heftigkeit der Reaktion der Metalle mit Sauerstoff ist u. a. jeweils vom Zerteilungsgrad des Metalls und davon abhängig, ob die Reaktion in der Luft oder in reinem Sauerstoff erfolgt (Abb. 2).

Unabhängig davon lässt sich bei Metallen ein abgestuftes Reaktionsverhalten gegenüber Sauerstoff feststellen. Eisen und Magnesium sind sehr **reaktionsfreudig.** Sie gehören zu den **unedlen Metallen.** Kupfer, Silber und Gold **reagieren nur in geringem Maße** bzw. gar nicht. Sie gehören zu den **edlen Metallen.**

Metalle werden nach ihrem Reaktionsverhalten in edle und unedle Metalle unterteilt.

1 ▸ Im Inneren des Kupferbriefes erfolgt durch den Mangel an Sauerstoff keine Reaktion.

2 ▸ Im reinen Sauerstoff (rechts) verläuft die Reaktion von Eisen mit Sauerstoff heftiger als an der Luft (links).

3

Chemische Reaktion mit Schwefel

Insbesondere unedle Metalle reagieren nicht nur mit Sauerstoff, sondern auch sehr gut mit anderen Nichtmetallen, z. B. mit Schwefel. Erhitzt man ein Gemisch aus Eisen- und Schwefelpulver, ist ein Aufglühen zu beobachten. Im Ergebnis der chemischen Reaktion entsteht Eisensulfid (Abb. 1).

Dass eine chemische Reaktion stattgefunden hat, kann man mit einem Magneten nachweisen. Es lassen sich keine magnetischen Eigenschaften mehr feststellen.

Die chemische Reaktion verläuft unter Wärmeabgabe. Sie ist exotherm.

Eisen + Schwefel → Eisensulfid

Zündet man ein Gemisch aus Zink und Schwefel, erfolgt die Reaktion fast explosionsartig. Auch diese Reaktion ist exotherm.

Zink + Schwefel → Zinksulfid

Bei der Reaktion von Metallen mit Schwefel entstehen **Sulfide.** Die Reaktionen verlaufen exotherm. Die Sulfide haben für uns große Bedeutung, da sie wertvolle Bestandteile von Erzen sind.

Beispielsweise ist Pyrit eine Verbindung aus Eisen und Schwefel. Sowohl das enthaltene Eisen als auch der Schwefel sind für die Industrie wichtig.

Bei Bleiglanz handelt es sich um Bleisulfid, bei Kupferglanz um Kupfersulfid und bei Zinkblende um Zinksulfid. Auch Bornit, ebenfalls kupferhaltig, ist ein sulfidisches Erz (Abb. 2). Diese Erze werden zur Gewinnung der entsprechenden Metalle genutzt.

Andere Sulfide finden Verwendung als Künstlerfarben.

Das bekannte Zinnoberrot ist der chemischen Zusammensetzung nach Quecksilbersulfid. Dabei handelt es sich um eine rot-orange gefärbte Verbindung. Das Mineral ist schon seit der Antike bekannt, wurde in Europa aber erst im 13. Jahrhundert künstlich hergestellt. Cadmiumgelb besteht aus Cadmiumsulfid.

> Metalle reagieren mit Schwefel. Dabei **Ⓜ** bilden sich die entsprechenden Sulfide. Die Reaktionen verlaufen exotherm.

Stoffe bestehen aus Teilchen. Diese können miteinander reagieren.

Magnesium

+

Sauerstoff

↓

Magnesiumoxid

Eisen

+

Schwefel

↓

Eisensulfid

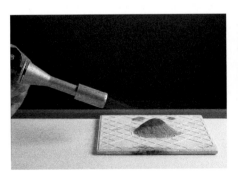

1 ▶ Das Gemisch aus Eisenpulver und Schwefel wird mit dem Brenner erwärmt. Dann reagiert Eisen mit Schwefel unter Wärmeabgabe. Es bildet sich Eisensulfid.

Chemische Reaktionen immer und überall

Während einer chemischen Reaktion werden Ausgangsstoffe zu Reaktionsprodukten umgewandelt. Das kann unterschiedlich lange dauern.

 Chemische Reaktionen sind von der Zeit abhängig. Sie verlaufen unterschiedlich schnell.

sehr schnell verlaufende Reaktionen:
- *Feuerwerk*
- *Gasexplosionen*

langsamer verlaufende Reaktionen:
- *Verwitterung von Gestein*
- *Abbinden von Gips*
- *Rosten von Eisen*

Den Verlauf der chemischen Reaktionen kann man beeinflussen, denn er ist von verschiedenen Reaktionsbedingungen abhängig.

Jeder weiß, dass die **Temperatur** entscheidenden Einfluss auf eine chemische Reaktion hat. Eine Speise wird beispielsweise schneller gar, wenn man nicht bei geringer, sondern höherer Energiezufuhr gart. Über das geschmackliche Resultat lässt sich allerdings bei diesem Beispiel streiten.

Aber nicht nur endotherme Reaktionen werden durch höhere Temperaturen positiv beeinflusst. So lassen sich Kalkbeläge mit Essigwasser schneller lösen, wenn man Essig nicht in kaltes, sondern in warmes Wasser gibt. Die ablaufende Reaktion, die bei diesem Prozess eine Rolle spielt, ist exotherm.

Sowohl endotherme als auch exotherme Reaktionen werden bei Temperaturerhöhung beschleunigt, weil alle Teilchen der Ausgangsstoffe durch eine

ganz bestimmte **Aktivierungsenergie** erst in einen reaktionsfähigen Zustand versetzt werden müssen (s. S. 77).

Bei einigen Reaktionen ist es schwierig, die Ausgangsstoffe zur Reaktion zu bringen. So ist beispielsweise Zucker ein brennbarer Stoff, d. h. er kann mit Sauerstoff reagieren. Versucht man jedoch, einen Zuckerwürfel zu entzünden, wird dies nicht klappen. Vermischt man den Zucker mit etwas Asche, lässt sich das Gemisch leicht entzünden und der Zucker verbrennt in einer exothermen Reaktion (Abb. 1).

Dabei reagiert der Stoff aber nicht mit der Asche. Nach der Reaktion liegt die Asche unverändert vor. Durch diesen „Zusatz" zu den Ausgangsstoffen wurde die Akivierungsenergie herabgesetzt. Daher hat nun die Wärmezufuhr durch die Brennerflamme ausgereicht, um die Reaktion in Gang zu setzen. Stoffe, die die Aktivierungsenergie herabsetzen und so die Reaktion ermöglichen bzw. beschleunigen, aber nach der Reaktion unverändert vorliegen, bezeichnet man als **Katalysatoren.**

Chemische Reaktionen können durch Temperaturveränderungen und den Einsatz eines Katalysators beeinflusst werden.

1 ▸ Bei der Verbrennung von Zucker wirkt Zigarettenasche als Katalysator. Durch die Herabsetzung der Aktivierungsenergie kann man Zucker mit der Brennerflamme entzünden. Zucker reagiert mit Sauerstoff exotherm.

Wann findet eine Reaktion statt?

Damit chemische Reaktionen stattfinden, müssen bestimmte Voraussetzungen gegeben sein.

Zuerst einmal ist es selbstverständlich, dass alle Ausgangsstoffe vor-handen sein müssen. Außerdem muss sowohl bei endothermen als auch bei exothermen Reaktionen zum Auslösen einer chemischen Reaktion Energie zugeführt werden. Manchmal reicht schon die Temperatur der Umgebung aus. Trotzdem kann man einen Holzklotz sehr viel schwerer zum Brennen bringen als einen Holzspan. Warum erst immer Energie zugeführt werden muss und warum sich der Holzklotz trotz Energiezufuhr schlechter entzünden lässt als der Span, kann mithilfe der Stoßtheorie erklärt werden. Dieses Modell hilft, sich Prozesse im submikroskopischen Bereich vorzustellen.

Stoßtheorie

1. Teilchen werden als starre Körper angenommen, die sich ungeordnet bewegen. Bei steigender Temperatur nimmt die Bewegung zu.
2. Teilchen stoßen durch die Bewegung zusammen.
3. Damit eine Reaktion erfolgt, müssen die Teilchen wirksam zusammenstoßen. Dazu benötigen sie eine Mindestenergie und müssen in bestimmter Weise zueinander ausgerichtet sein.
4. Je häufiger wirksame Zusammenstöße in einer bestimmten Zeiteinheit erfolgen, desto schneller reagieren Ausgangsstoffe miteinander.

Bei explosiven Gemischen, wie z. B. beim Knallgas, genügt ein Funke, um das Gemisch zu zünden. Dieser Zündfunke muss jedoch vorhanden sein. Bei tiefen **Temperaturen** kann ein Knallgasgemisch gefahrlos aufbewahrt werden. Wird es aber über einen bestimmten Punkt hinaus erwärmt, erfolgt die Reaktion sehr heftig. Ebenso muss auch das Reaktionsgemisch für ein Feuerwerk erst gezündet werden.

Die Teilchen der Ausgangsstoffe müssen erst in einen aktivierten Zustand versetzt werden, damit sie reagieren können. Diese Energie bezeichnet man als **Aktivierungsenergie**.

Im Falle explosiver Gemische kann die Aktivierungsenergie durch einen Funken, aber auch durch einen Lichtblitz oder einen Schlag zugeführt werden. Beim Rosten von Eisen – eine exotherme Reaktion – reicht die thermische Energie der Umgebung aus, um die Teilchen zu aktivieren.

Für endotherme Reaktionen ist eine ständige Energiezufuhr nötig.

Teilchen kann man nur mit Spezialgeräten beobachten. Mithilfe von Modellen kann man sich trotzdem vorstellen, was bei chemischen Reaktionen passiert.

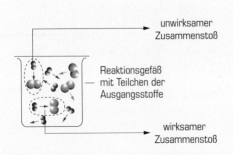

unwirksamer Zusammenstoß

Reaktionsgefäß mit Teilchen der Ausgangsstoffe

wirksamer Zusammenstoß

Praktikum

Praktikum: Chemische Reaktionen und ihre Beeinflussung

Chemische Reaktion oder nicht?

S Aufgabe:
Calciumchlorid wird u. a. zur Herstellung von Kältemischungen verwendet. Dabei wird der Stoff in Wasser gelöst. Ermittle experimentell, ob es sich dabei um eine chemische Reaktion handelt. Nutze dazu die Ergebnisse der folgenden Experimente.

Früher hat man zur Herstellung von Speiseeis Kältemischungen verwendet, allerdings Mischungen aus Salz und Eis.

Experiment 1: Elektrische Leitfähigkeit von festem Calciumchlorid und einer Calciumchloridlösung

Vorbereitung:
Geräte: Stromversorgungsgerät, Kabel, Glühlampe, Glasrührstab, Elektroden, Becherglas, Messzylinder, Waage
Chemikalien: Calciumchlorid ☒, Wasser

Durchführung:
1. Baue die Versuchsanordnung entsprechend der nebenstehenden Abbildung auf.
2. Überprüfe die elektrische Leitfähigkeit des festen Calciumchlorids.
3. Miss in einem Becherglas 50 ml Wasser ab. Untersuche das Wasser auf elektrische Leitfähigkeit.
4. Löse 3 g festes Calciumchlorid in den 50 ml Wasser. Prüfe die elektrische Leitfähigkeit der hergestellten Lösung.

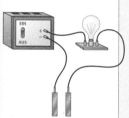

Beobachtung:
Notiere alle Beobachtungen. Registriere besonders stofflichen Veränderungen beim Lösen von Calciumchlorid.

Experiment 2: Temperaturveränderung beim Lösen von Calciumchlorid

Vorbereitung:
Geräte: Glasrührstab, Thermometer, Messzylinder, Becherglas, Waage
Chemikalien: Calciumchlorid ☒, Wasser

Durchführung:
1. Miss 50 ml Wasser ab und ermittle die Temperatur dieses Wassers.
2. Gib 4 g Calciumchlorid unter ständigem Rühren in dieses Wasser.
3. Lies sofort und dann alle 15 s die Temperatur der Lösung zwei Minuten lang ab.

Beobachtung:
Notiere die Messwerte in einer Tabelle.

Auswertung:
Beantworte unter Nutzung der experimentellen Ergebnisse (Experiment 1 und 2) die Aufgabenstellung.

Natriumacetat im Wärmekissen

Im Handel gibt es „Wärmekissen" (s. S. 81). Sie enthalten eine Mischung aus Natriumacetat und Wasser.

S Aufgabe:
Ermittle die Temperaturänderung beim Kristallisieren dieser Salz-Wasser-Mischung.

Vorbereitung:
Geräte: Glasrührstab, Thermometer, Brenner, Reagenzglas, Reagenzglashalter, Waage, Tropfpipette
Chemikalien: Natriumacetattrihydrat, Wasser

Durchführung:
1. Versetze 7 g Natriumacetattrihydrat mit 2 ml Wasser und erwärme das Stoffgemisch vorsichtig über dem Brenner, bis eine klare Flüssigkeit entsteht.
2. Gib nach dem Erkalten der klaren Lösung ein kleines Kristall Natriumacetattrihydrat in das Reagenzglas. Miss die Temperaturänderung.

Beobachtung und Auswertung:
Leite aus deinen Messergebnissen ab, ob es sich um eine endotherme oder exotherme Reaktion handelt.

Zeitlicher Verlauf von Prozessen

S **Experiment 1**

Aufgabe:
Untersuche den zeitlichen Verlauf des Rostens. Reibe dazu zwei Eisennägel blank und lege einen Nagel auf trockenen Zellstoff, den anderen auf feuchten Zellstoff.
Beobachte mehrere Tage und führe Protokoll. Leite eine Aussage zum zeitlichen Verlauf ab. Finde eine Erklärung.

S **Experiment 2**

Aufgabe:
Untersuche den Einfluss der Temperatur auf die Reaktionen von Zink mit verdünnter Salzsäure.

Vorbereitung:
Geräte: Reagenzgläser mit seitlichem Ansatz, Pipette, Spatel, Schutzbrille
Chemikalien: Zink (Stückchen), verdünnte Salzsäure (10%ig ☒), Kolbenprober

Durchführung:
Die verdünnte Säure wird im Wasserbad auf 10 °C, 20 °C bzw. auf 30 °C temperiert.
Nach Zugabe der Säure zum Zink wird das gebildete Gas jeweils mit einem Kolbenprober aufgefangen und das Volumen im Abstand von 30 Sekunden gemessen.

Beobachtung:
Erfasse die Messwerte in einer Tabelle.

Auswertung:
a) Formuliere eine Aussage zum Einfluss der Temperatur.

b) Erkläre, warum man vom Volumen des Gases auf den zeitlichen Verlauf schließen kann.

S **Experiment 3**

Aufgabe:
Untersuche den Einfluss von Katalysatoren auf den zeitlichen Verlauf der Zersetzung von Wasserstoffperoxid!

Vorbereitung:
Vorbetrachtung: Wird Wasserstoffperoxid zersetzt, entsteht u. a. Sauerstoff. Sauerstoff wird nachgewiesen, wenn ein glühender Span wieder zu brennen beginnt.
Geräte: Reagenzgläser, Holzspan, Brenner, Schutzbrille, Spatel
Chemikalien: Kartoffelpress-Saft, Braunstein ⟨🔥⟩, Wasserstoffperoxidlösung (5%ig ☒)

Durchführung:
a) Gib 5 ml Wasserstoffperoxidlösung in ein Reagenzglas und halte einen glühenden Holzstab über die Öffnung.
b) Gib 5 ml Wasserstoffperoxidlösung in ein Reagenzglas, füge Braunstein hinzu und halte einen glühenden Holzstab über die Öffnung.
c) Gib 5 ml Wasserstoffperoxidlösung in ein Reagenzglas, füge Kartoffelpress-Saft hinzu und halte einen glühenden Holzstab über die Öffnung (s. Abb.).

Beobachtung und Auswertung:
Notiere deine Beobachtungen.
a) und b) Formuliere eine Aussage zum Einfluss von Braunstein auf die Reaktion.
c) Leite eine begründete Schlussfolgerung aus der Beobachtung ab.

Tipp:
Vorsicht! Die Reaktion kann stürmisch verlaufen.

Chemie in Natur und Technik

Aus Blau wird Weiß und umgekehrt

Blaues Kupfer(II)-sulfat hat eine sehr schöne Farbe. Erhitzt man den Stoff, färbt er sich weiß. Durch Zugabe von Wasser nimmt er seine ursprüngliche Farbe wieder an.

Handelt es sich beim blauen und weißen Kupfer(II)-sulfat um denselben oder verschiedene Stoffe? Begründe deine Aussage.

Die blaue Farbe des Stoffes ist eine charakteristische Eigenschaft. Beim Erhitzen ändert sich diese Eigenschaft. Wird der Stoff abgekühlt, bleibt die weiße Farbe erhalten. Das weist auf eine Stoffumwandlung hin. Dann würde es sich bei dem Prozess um eine chemische Reaktion handeln. Es muss allerdings noch untersucht werden, ob auch eine Energieumwandlung stattgefunden hat. Dieses zweite Merkmal trifft ebenfalls zu: Nur durch Erhitzen kann aus dem blauen Stoff der weiße Stoff werden. Es handelt sich dabei um eine endotherme Reaktion. Dabei wird gasförmiges Wasser abgegeben (Abb. 1).

Fügt man wiederum Wasser zu dem weißen Kupfer(II)-sulfat hinzu, lässt sich eine

Methode

Begründen von Aussagen

Beim Begründen wird ein Nachweis geführt, dass eine Aussage richtig ist. Dazu müssen Argumente, z. B. Beobachtungen, Gesetze, Eigenschaften von Körpern und Stoffen, angeführt werden.

Temperaturerhöhung messen und der Stoff ändert seine Farbe. Offensichtlich hat auch hier eine chemische Reaktion stattgefunden, denn eine Stoffumwandlung, verbunden mit einer Energieumwandlung hat stattgefunden. Die Reaktion verläuft exotherm (Abb. 2).

Es handelt sich also wirklich um zwei verschiedene Stoffe. Der weiße Stoff heißt Kupfer(II)-sulfat, der Stoff, der bei Zugabe von Wasser entsteht, Kupfer(II)-sulfatpentahydrat. Damit können Wortgleichungen zur Beschreibung der Prozesse aufgestellt werden:

1. Kupfer(II)-sulfatpentahydrat $\xrightarrow{\text{+ Wärme}}$ Kupfer(II)-sulfat + Wasser

2. Kupfer(II)-sulfat + Wasser $\xrightarrow{\text{- Wärme}}$ Kupfer(II)-sulfatpentahydrat

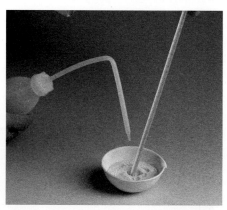

1 ▸ Blaues Kupfer(II)-sulfatpentahydrat wird erhitzt (li.). Weißes Kupfer(II)-sulfat reagiert mit Wasser (re.).

Wärme durch chemische Reaktion

Seit der Mensch das Feuer nutzt, setzt er chemische Reaktionen ein, um Wärme freizusetzen. Verbrennungen sind exotherme Reaktionen. Allerdings kann man offenes Feuer nicht als Wärmequelle mit sich tragen.

Es gibt jedoch mittlerweile Wärmequellen, die man gefahrlos mitnehmen kann und die unabhängig von Stromquellen funktionieren. Latentwärmekissen sind überall einsetzbar.
Informiere dich darüber, nach welchem Prinzip diese Wärmekissen funktionieren.

Bei den so genannten **Latentwärmekissen** handelt es sich um durchsichtige, meist farblose Gelkissen (Abb. 1). Mit ihrer Hilfe kann man u. a. bei Schmerzen Linderung erzielen oder bei kalten Außentemperaturen für Wärme sorgen. Um das Wärmekissen zu „starten", knickt man ein kleines Eisenplättchen im Inneren des Kissens. Das Gel wird fester und das Kissen erwärmt sich auf bis zu +54 °C. Die Wärme wird durch eine exotherme Reaktion freigesetzt. Dabei wird ein Teil der in den Stoffen gespeicherten Energie in thermische Energie umgewandelt.

Mit einem Experiment kann man untersuchen, wie dieses Energiespeichersystem funktioniert. Gibt man das wasserfreie Calciumchlorid in das Wasser, werden in die Kristalle Wassermoleküle eingelagert. Dabei erhöht sich die Temperatur beträchtlich. Der Prozess verläuft also exotherm (Wärmeabgabe).

Durch Wärmezufuhr kann das Kristallwasser wieder entfernt werden – es verdampft (endothermer Prozess).

Viele andere Salze können ebenfalls Wasser in ihre Kristalle einlagern, z. B. Natriumacetat. Durch die Wassereinlagerung entsteht Natriumacetattrihydrat .

In den Gelkissen ist eine übersättigte Lösung dieser Verbindung enthalten. Durch das Knicken eines Metallplättchens wird die Lösung angeregt, sofort auszukristallisieren. Da dabei Salzkristalle mit eingelagertem Kristallwasser entstehen, ist der Prozess stark exotherm. Der hauptsächliche Wärmeverlust ergibt sich aus der Einlagerung von Kristallwasser.

Um das Wärmekissen wieder benutzen zu können, legt man es in heißes Wasser. Durch die Energiezufuhr wird der Prozess umgekehrt.

Mit den Experimenten auf S. 78 kannst du die Temperaturänderung selbst prüfen.

gelöster Stoff	exotherm (Wärmeabgabe) ⟶ ⟵ endotherm (Wärmezufuhr)	**Salzkristalle mit eingelagertem Kristallwasser**

1 ▸ Latentwärmekissen können Energie speichern.

2 ▸ Bei kalten Außentemperaturen können Wärmekissen zum Einsatz kommen.

Aufgaben

1. Vervollständige dein Glossar.

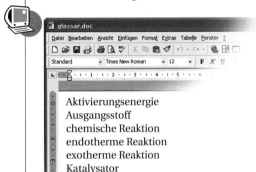

Aktivierungsenergie
Ausgangsstoff
chemische Reaktion
endotherme Reaktion
exotherme Reaktion
Katalysator
Reaktionsprodukt
Verbindung
Wortgleichung

2. Entscheide, ob es sich bei den folgenden Prozessen jeweils um eine chemische Reaktion handelt.
Begründe deine Antwort.
  a) Schmelzen von Blei
  b) Abbrennen einer Wunderkerze
  c) Lösen von Zucker in Wasser
  d) Feilen von Eisenblech
  e) Schmelzen von Butter
  f) Sauerwerden von Milch

3. Ermittle chemische Reaktionen in Haushalt und Natur.
Kennzeichne jeweils stoffliche Veränderungen und energetische Erscheinungen.

4. Löse eine Brausetablette in Wasser. Notiere deine Beobachtungen. Handelt es sich um einen physikalischen Vorgang oder eine chemische Reaktion? Begründe deine Entscheidung.

5. Wenn Butter längere Zeit in der Wärme liegt, wird sie ranzig. Sie verfärbt sich, riecht unangenehm, schmeckt beizend und ist als Lebensmittel nicht mehr verwendbar.
  a) Interpretiere die Beobachtungen.
  b) Informiere dich über die Ursachen dieser Veränderungen.
  c) Im Kühlschrank wird die Butter sehr viel später schlecht. Welchen Grund vermutest du?

*6. Eine brennende Kerze erlischt, wenn man ein Glas darüber stülpt.

Leite eine begründete Schlussfolgerung aus dieser Beobachtung ab.

7. Notiere Beispiele für die Reaktion von Metallen mit Sauerstoff.
  a) Formuliere jeweils die Wortgleichung.
  b) Leite eine allgemeine Wortgleichung für die Reaktion der Metalle mit Sauerstoff ab.
  c) Entscheide, ob es sinnvoll ist, eine solche Wortgleichung für Gold aufzustellen.

8. Begründe, dass beim Erhitzen eines Eisen-Schwefel-Gemisches eine chemische Reaktion erfolgt. Gib dazu Ausgangsstoffe und Reaktionsprodukte an und beschreibe ihre Eigenschaften.

9. Lies für folgende Verbindungen die Formeln aus entsprechenden Tabellen ab: Zinksulfid, Aluminiumoxid, Wasser.

10. Entwickle die Wortgleichungen für die chemischen Reaktionen, die zur Bildung von folgenden Sulfiden führen: Kupfersulfid, Cadmiumsulfid, Silbersulfid, Bleisulfid!

11. Informiere dich im Internet über ausgewählte Sulfide! Ermittle jeweils ihre Eigenschaften, Vorkommen und Bedeutung!

* **12.** Fertige eine Mind-Map zum Thema „Chemische Reaktion" an!

13. Zeige an verschiedenen Heizungsarten, dass das Heizen der Wohnungen oft ein Anwenden exothermer chemischer Reaktionen ist!
Eräutere den Begriff „exotherme Reaktion" unter Nutzung eines Schemas!

14. Viele Reaktionen in der Technik verlaufen unter „Energieverbrauch", z. B. die Herstellung von Aluminium. Was ist mit diesem Ausdruck gemeint? Erläutere den Reaktionsverlauf unter Nutzung eines Schemas!

15. Notiere aus Natur, Technik und Alltag chemische Reaktionen, die relativ heftig und somit in kurzer Zeit ablaufen und Reaktionen, bei denen die Stoffumwandlungen in einem langen Zeitraum erfolgen!

16. Rühre Gipspulver mit Wasser an und fülle das Gemisch in eine leere Streichholzschachtel.
a) Betrachte das Ergebnis nach einer Stunde und interpretiere die Beobachtungen!
b) Überlege, wie man den zeitlichen Verlauf des Abbindens von Gips durch eine Veränderung der Reaktionsbedingungen beeinflussen kann!
Skizziere eine entsprechende Versuchsanordnung, lasse den Plan von dem Lehrer bestätigen und führe das Experiment durch!

17. Magnesium wird verbrannt. Der Lehrer stellt die Frage, ob es sich bei der eben abgelaufenen chemischen Reaktion um einen exothermen oder endothermen Verlauf handelt. Ein Schüler antwortet, dass es sich um eine endotherme chemische Reaktion handelt, da Energie zugeführt werden musste.
Beurteile die Antwort!

18. Ist Gas ausgeströmt, darf kein Streichholz entzündet werden. Auch der Betrieb elektrischer Anlagen und Geräte ist zu unterlassen. Begründe!

19. Warum sind Lebensmittel oder zubereitete Speisen im Kellergewölbe älterer Häuser relativ gut vor Verderb geschützt? Erkläre!

20. Informiere dich über die Funktion von Enzymen!

21. Neugebaute Autos mit Ottomotoren enthalten immer einen Dreiwegekatalysator. Informiere dich über den prinzipiellen Aufbau und Funktion dieses Geräts.

Projekt

Wahlpflichtthema: Rund ums Zündholz

Feuer – wohltuend und gefährlich

Die Nutzung und die Beherrschung des Feuers war in der Menschheitsgeschichte von großer Bedeutung.

1. *Informiere dich in geeigneten Medien über die Geschichte des Feuers und seiner Nutzung durch den Menschen.*

   Heute ist es vergleichsweise einfach, ein Feuer zu entzünden. Man benötigt jedoch geeignetes Brennmaterial. Außerdem muss für ausreichend Luft- bzw. Sauerstoffzufuhr gesorgt werden. Zudem schafft man es nicht, mit einem Streichholz einen dicken Holzscheit zu entzünden. Kohlenanzünder ist dabei sehr hilfreich.

Vorsicht: Alle brennbaren oder leicht entzündlichen Stoffe müssen aus dem Bereich des Feuers entfernt werden!

2. *Erarbeite die Begriffe Entzündungstemperatur, Flammpunkt und Brennpunkt.*
   Notiere die Entzündungstemperaturen für einige Beispiele mithilfe geeigneter Nachschlagewerke.

Stoffstück

H₂O

Holzwolle   Holzspäne

S **Experiment 1: Brennbarkeit von Stoffen**
Aufgabe:
Prüfe, ob sich Stoffe leicht oder schwer entzünden lassen.
Vorbereitung:
Geräte: Porzellanschalen, Holzspan, Streichhölzer, feuerfeste Unterlage, Schutzbrille
Chemikalien: Papier, Streichholzkuppen, Holz (Späne und größere Stücken), Kohlenanzünder, trockenes und frisches Gras, Stoffstück u. a.
Durchführung:
Gib je eine kleine Stoffprobe in eine Porzellanschale. Nähere dich der Stoffprobe mit einem brennbaren Span.
Beobachtung und Auswertung:
Stelle deine Beobachtungen übersichtlich zusammen. Was kannst du über die Entzündungstemperatur der Stoffe aussagen? Welche Maßnahmen für die Verhütung von Bränden kannst du ableiten?

Brennspiritus wird z. B. für spezielle Brenner benötigt.

S **Experiment 2: Entflammbarkeit flüssiger Stoffe**
Aufgabe:
Überprüfe die Entflammbarkeit von verschiedenen flüssigen Stoffen.

Projekt

Vorbereitung:

Geräte: Holzspan, Schutzbrille, Pipette, Porzellanschalen, Brenner, Eisentiegel, Dreifuß, Drahtnetz

Chemikalien: Haushaltsessig, Brennspiritus , Petroleum , Paraffinöl, Olivenöl

Durchführung:

a) Gib je eine Stoffprobe (1 ml) in eine Porzellanschale. Nähere dich der Stoffprobe mit einem brennbaren Span langsam von oben.

b) Fülle eine Stoffprobe Paraffinöl in einen Eisentiegel. Versuche noch einmal, Paraffinöl zu entzünden. Erhitze die Stoffprobe nun vorsichtig.

Führe den brennenden Span nun alle 5 Sekunden von oben an die Stoffprobe heran.

Beobachtung:

Stelle deine Beobachtungen tabellarisch zusammen.

Experiment	Beobachtung
Entflammbarkeit von Haushaltsessig	

Auswertung:

– Erläutere anhand der Ergebnisse noch einmal, was man unter Flammpunkt versteht.

– Jährlich kommt es beim Grillen zu Unfällen, weil versucht wird, die Grillkohle mit Benzin anzuzünden. Erkläre, weshalb es dadurch zu schweren Verbrennungen kommen kann.

– Informiere dich, welche Hinweis- und Verbotsschilder in einer Tankstelle zu finden sind. Bewerte die Verbote.

So genannte Tankpistolen gehören zur Grundausrüstung moderner Tankstellen. Sie sorgen dafür, dass ein großer Teil der gebildeten Gase in den Tank zurückgeführt werden.

Brennstoffe entzünden, aber wie oder womit?

In unterschiedlichen Kulturen wurde die notwendige Temperatur zum Entzünden eines Feuers durch verschiedene Techniken erzeugt: So wurde beispielsweise ein Hartholzstab auf weichem Holz so lange gedreht, bis die Reibungswärme ausreichte, brennbares Material zu entzünden.

Eine weitere Möglichkeit war die Nutzung von Zündfunken, die u. a. beim Zusammenschlagen von Feuersteinen entstanden. Heute ist das Entzünden eines Feuers mithilfe von Zündhölzern kein Problem mehr.

Der älteste Fund einer Feuerstelle wird auf ein Alter von 790000 Jahren geschätzt. Das älteste „Feuerzeug" aus Feuerstein und Pyrit ist 15000 Jahre alt.

Projekt

3. *Informiere dich über die Geschichte der Zündhölzer. Gehe dabei insbesondere auf die Gefährlichkeit alter Zündhölzer und die Entwicklung von Sicherheitszündhölzern ein.*

Heute werden bei uns Sicherheitszündhölzer verwendet, die nur in Zusammenhang mit einer speziellen Reibefläche funktionieren. In ihnen steckt eine Menge „Chemie" und viel Know-how.

Zündkopf
(Kaliumchlorat, Schwefel, Eisenoxid und Glaspulver)

Holzstab (mit Ammoniumphosphat und Paraffinwachs imprägniert)

Reibfläche (roter Phosphor und Glaspulver)

S Experiment 3
Zur Herstellung von Zündhölzern benötigt man mindestens einen brennbaren Stoff und eine Substanz, welche Sauerstoff liefert.
Aufgabe:
Erhitze in der heißen Bunsenbrennerflamme eine kleine Stoffprobe Holzkohle bis zum Aufglühen. Blase anschließend mithilfe eines mindestens 30 cm langen Glasrohres außerhalb der Brennerflamme Luft an die glühende Holzkohle. Führe Protokoll und setze die Beobachtungsergebnisse mit dem obigen Satz in Beziehung.

L Experiment 4: Bestandteile von Zündhölzern
Aufgabe: Übernimm die Tabelle (unten)in dein Heft. Notiere exakt deine Beobachtungsergebnisse. Beantworte folgende Fragen:
a) Welche Eigenschaft vermutest du für Kaliumnitrat und Kaliumchlorat?
b) Leite aus deinen Beobachtungen ab, welche Funktion die Stoffe Schwefel und Kaliumchlorat in den Zündköpfen der Streichhölzer haben.
c) Informiere dich darüber, wie Sicherheitszündhölzer funktionieren. Welche Funktionen haben Phosphor und das Glaspulver?

Experiment	Beobachtung
Schwefel wird auf einem Verbrennungslöffel unter dem Abzug verbrannt.	
Schwefel wird in reinem Sauerstoff verbrannt.	
Kaliumnitrat wird bis zur Schmelze erhitzt und mit einer Spatelspitze Schwefel versetzt.	
Ein Gemisch aus Kaliumchlorat und Schwefel wird mit einem glühenden Magnesiastäbchen gezündet.	
Ein Gemisch aus Kaliumchlorat und Schwefel wird durch einen Schlag mit einem Hammer zur Reaktion gebracht.	

Das Wichtigste auf einen Blick

Chemische Reaktion

Bei einer chemischen Reaktion erfolgt eine Stoffumwandlung und eine Energieumwandlung. Aus Teilchen der Ausgangsstoffe bilden sich Teilchen der Reaktionsprodukte. Der zeitliche Verlauf wird von der Temperatur und von Katalysatoren beeinflusst.

Ausgangsstoff(e)
mit einer nur für sie charakteristischen Eigenschaftenkombination.

Richtung der Reaktion

Reaktionsprodukte
mit einer nur für sie charakteristischen Eigenschaftenkombination.

Sowohl bei der endothermen als auch bei der exothermen Reaktion ist eine bestimmte Aktivierungsenergie erforderlich, damit eine Reaktion erfolgt.

exotherme Reaktion

Bei exothermen Reaktionen ist der Energiegehalt der Reaktionsprodukte kleiner als der der Ausgangsstoffe
($E_R < E_A$).

endotherme Reaktion

Bei endothermen Reaktionen ist der Energiegehalt der Reaktionsprodukte größer als der der Ausgangsstoffe
($E_R > E_A$).

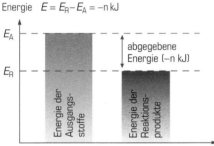

Energie $E = E_R - E_A = -n\,kJ$

E_A

E_R

abgegebene Energie ($-n\,kJ$)

Energie der Ausgangsstoffe

Energie der Reaktionsprodukte

Energie $E = E_R - E_A = +n\,kJ$

E_R

E_A

aufgenommene Energie ($+n\,kJ$)

Energie der Ausgangsstoffe

Energie der Reaktionsprodukte

Besonders die unedlen Metalle können leicht mit Sauerstoff reagieren. Es entstehen Metalloxide.

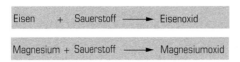

Eisen + Sauerstoff ⟶ Eisenoxid

Magnesium + Sauerstoff ⟶ Magnesiumoxid

Bei der Reaktion von Metallen und Schwefel bilden sich Sulfide.

4

Fächerverbindendes Thema:
Energiebündel Mensch

Ohne Energie geht nichts ▸▸   Stoffumwandlungen sind immer verbunden mit Energieumwandlungen. *Welche energetischen Prozesse spielen bei biochemischen Reaktionen eine Rolle?*

Gehaltvolle Nahrung ▸▸   Man soll sich gesund ernähren und nicht zu „gehaltvoll" essen. *Was für einen „Gehalt" haben Nahrungsmittel?*

Energieschub durch Traubenzucker? ▸▸   Es wird empfohlen, nach anstrengenden sportlichen Aktivitäten, etwas Traubenzucker zu sich zu nehmen. *Wie gewinnt der Körper dadurch „neue Energie"?*

Fächerverbindendes Thema

Energiewandler Mensch

Menschen, Tiere und Pflanzen benötigen Energie, um sich zu entwickeln, zu wachsen und um ihre Lebensprozesse aufrechtzuerhalten. Energie ist bei Menschen und Tieren auch erforderlich, um die notwendige Körpertemperatur zu gewährleisten, um sich zu bewegen und um Arbeit zu verrichten. Für alle Lebewesen gilt:

Ausgangsstoffe

Aufnahme von Energie

Stoffumwandlung und Energieumwandlung im Lebewesen

Abgabe von Energie

Produkte

> **Für alle Lebensprozesse ist Energie erforderlich. Diese wird durch chemische Reaktionen freigesetzt.**

Der Mensch nimmt energiereiche Nahrungsmittel auf und wandelt sie in körpereigene Stoffe um. Beim Abbau dieser energiereichen Stoffe wird die lebensnotwendige Energie freigesetzt. Im Organismus selbst erfolgen also eine Reihe von Energie- und Stoffumwandlungen. Der Gesamtprozess ist in Abb. 1 dargestellt.

1 ▸ Biochemische Prozesse sind durch Stoff- und Energieumwandlungen gekennzeichnet.

Kennzeichnend für alle Lebewesen und den Menschen sind:
- Es erfolgt eine Aufnahme von Stoffen (Nahrungsmitteln) und damit zugleich die Aufnahme hochwertiger Energie.
- Im Körper laufen aufbauende und abbauende Prozesse ab. Bei den abbauenden Prozessen erfolgt eine Entwertung der aufgenommenen Energie.
- Vom Körper werden Stoffe und Energie abgegeben. Die abgegebene Energie ist nicht mehr hochwertig.

1. *Wie lautet der Energieerhaltungssatz? Gilt er auch für den Energiewandler Mensch?*

2. *Beschreibe mithilfe der Abb. 1 die Stoff- und Energieumwandlungen, die beim Menschen vor sich gehen!*

3. *Die verschiedenen Energieformen haben für den Menschen einen unterschiedlichen Wert.*
   a) *Nenne verschiedene Energieformen! Welche sind für den Menschen hochwertig, welche nicht! Begründe!*
   b) *Die in Nahrungsmitteln gespeicherte Energie kann man als hochwertige chemische Energie bezeichnen. Begründe!*
   c) *Beim Abbau energiereicher Substanz wird die chemisch gebundene Energie umgewandelt und entwertet. Diskutiere, was das bedeutet!*

4

Bestandteile unserer Ernährung sind Kohlenhydrate, Eiweiße und Fette. Die Nahrungsmittel auf dem Foto sind zudem reich an Ballaststoffen.

Bestandteile der Nahrung und Energie

Am Anfang einer **Nahrungskette** stehen oft die grünen Pflanzen. Sie produzieren aus anorganischen Stoffen organische Stoffe, welche die Nahrungsgrundlage für Tiere bilden. Der Mensch ist ebenfalls Teil vieler Nahrungsketten, da er pflanzliche und tierische Nahrung zu sich nimmt.

*Über so genannte **Nahrungsketten** stehen Menschen, Tiere und Pflanzen in Beziehung.*

  Wichtige **Nährstoffe** für den Menschen sind Kohlenhydrate, Eiweiße, Fette. Zu den **Ergänzungsstoffen** gehören Vitamine, Mineralstoffe, Wasser, Ballaststoffe. Alle diese Stoffe sind lebensnotwendig und müssen in der Nahrung vorhanden sein. Jedes Nahrungsmittel enthält immer nur einen Teil aller vom Menschen benötigten Nähr- und Ergänzungsstoffe. Deshalb ist es erforderlich, täglich unterschiedliche Nahrungsmittel aufzunehmen und sie so auszuwählen, dass die Ernährung nicht nur abwechslungsreich ist, sondern auch alle lebensnotwendigen Bestandteile enthält.

1. a) *Stelle in einer Übersicht alle Nahrungsmittel und auch die Getränke zusammen, die du im Laufe von 24 Stunden zu dir nimmst.*
   b) *Ordne die Nahrungsmittel und Getränke den Gruppen in der Ernährungspyramide (s. Abb., S. 92) zu.*
   c) *Leite Folgerungen für deine künftige Ernährung ab.*

Fächerverbindendes Thema

In welchen Anteilen man die verschiedensten Nahrungsmittel zu sich nehmen sollte, ist aus einer **Ernährungspyramide** ablesbar. Die Prozentzahlen (linke Abb.) beziehen sich auf die empfohlene Menge der Nahrungsmittel pro Tag.

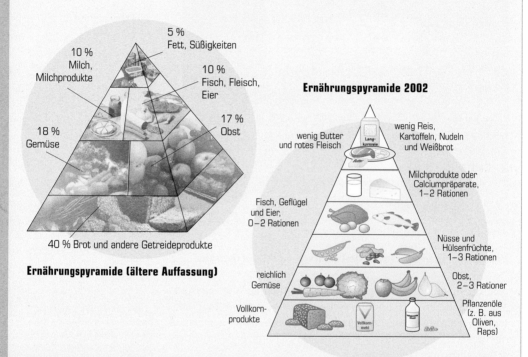

5 %
Fett, Süßigkeiten

10 %
Milch,
Milchprodukte

10 %
Fisch, Fleisch,
Eier

17 %
Obst

18 %
Gemüse

40 % Brot und andere Getreideprodukte

Ernährungspyramide (ältere Auffassung)

Ernährungspyramide 2002

wenig Butter
und rotes Fleisch

wenig Reis,
Kartoffeln, Nudeln
und Weißbrot

Milchprodukte oder
Calciumpräparate,
1–2 Rationen

Fisch, Geflügel
und Eier,
0–2 Rationen

Nüsse und
Hülsenfrüchte,
1–3 Rationen

reichlich
Gemüse

Obst,
2–3 Rationen

Vollkorn-
produkte

Pflanzenöle
(z. B. aus
Oliven,
Raps)

Nährwertangaben pro 100g

Brennwert	413 kJ/99 kcal
Eiweiß	7,0 g
Kohlenhydrate	8,7 g
Fett	4,0 g

zuckertes Kondensmilcherzeugnis, ster
4% Fettgehalt
17% fettfreie Milchtrockenmasse

Kaffeegenuß

Für den Brennwert (= Energie-gehalt) gilt:

1 g Eiweiß:	*17 kJ*
1 g Kohlenhydrate	*18 kJ*
1 g Fett	*39 kJ*

2 a) *Stelle die linke Ernährungspyramide als Kreisdiagramm dar.*
   b) *Vergleiche die beiden Auffassungen, die in den Pyramiden dargestellt sind.*

3. *Auf Verpackungen von Lebensmitteln sind häufig „Nähr-wertangaben pro 100 g" angegeben (s. Abb. links). Der Brenn-wert von Nahrungsmitteln (Energiegehalt) entspricht der Ener-gie, die bei der Verbrennung freigesetzt wird.*
   a) *Wie viel Energie nimmt man zu sich, wenn man 150 g Zuckermilch löffelt?*
   b) *Stelle in einer Übersicht für verschiedene Lebensmittel die Nährwertangaben pro 100 g zusammen. Notiere auch jeweils den Gehalt an Eiweiß, Kohlenhydraten und Fett.*
   c) *Berechne jeweils den Energiegehalt aus den Angaben für Eiweiß, Kohlenhydraten und Fett, so wie sie links angegeben sind.*

4

Die vereinfachte Wortgleichung für den Abbau von Traubenzucker ist gleich der Wortgleichung für seine Verbrennung.

Traubenzucker + Sauerstoff ⟶ Kohlenstoffdioxid + Wasser

S **Experiment 1:**

Aufgabe:
Verbrenne Traubenzucker in Anwesenheit von Asche.

Vorbereitung:
Notiere notwendige Geräte und Chemikalien.

Durchführung:
Vermische 5 g Traubenzucker mit etwas Zigarettenasche und entzünde die Mischung in einem feuerfesten Gefäß mit der Brennerflamme (s. S. 76).

Beobachtung und Auswertung:
Schlussfolgere aus deinen Beobachtungen, ob es sich um eine endotherme oder exotherme Reaktion handelt. Verdeutliche diese Schlussfolgerung mit einem Schema.

S **Experiment 2:**

Aufgabe:
Weise Traubenzucker in verschiedenen Lebensmitteln nach.

Vorbereitung:
Materialien: Reagenzgläser, Reagenzglashalter, Reagenzglasständer, Schutzbrille, Brenner, Fehling I und II 🖳 als Nachweismittel, verschiedene Lebensmittel

Durchführung:
Stelle aus Fehling I und II ein Gemisch aus gleichen Teilen her und führe den Nachweis durch.

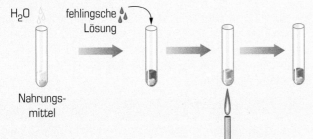

Traubenzucker ist nachgewiesen, wenn eine Farbänderung von Blau nach Ziegelrot beobachtet wird.

Beobachtung und Auswertung:
Stelle in einer Tabelle deine Beobachtungen und die Schlussfolgerungen zusammen. Welche Nahrungsmittel enthalten Traubenzucker?

Fächerverbindendes Thema

Der Energiebedarf des Menschen

Der Energiebedarf von Menschen ist sehr unterschiedlich und kann zwischen etwa 8 000 kJ (8 MJ) und 25 000 kJ (25 MJ) pro Tag liegen. Er hängt nicht nur vom Körpergewicht und vom Alter ab, sondern wird vor allem von der körperlichen Aktivität und der Art der Tätigkeit bestimmt (Abb. 1). So benötigen z. B. Hochleistungssportler oder Personen, die körperlich schwer arbeiten, wesentlich mehr Energie als Personen, die vorwiegend am Schreibtisch sitzen.

Folgende Richtwerte werden in Abhängigkeit vom Alter empfohlen:

1 ▸ Der Energiebedarf des Menschen ist von vielen Faktoren abhängig.

Alter	Richtwert in kJ/Tag	
	männlich	**weiblich**
10–12	9 650	9 250
13–14	11 350	10 500
15–18	12 600	10 100
19–35	10 900	9 250

1. a) *Ermittle, wie hoch der Energiegehalt der Nahrungsmittel ist, die du innerhalb von 24 Stunden zu dir nimmst.*
   b) *Vergleiche mit den oben angegebenen Richtwerten. Was stellst du fest?*

2. *Einige Schüler nehmen mit den Nahrungsmitteln mehr Energie zu sich, als sie für die Aufrechterhaltung der Lebensfunktionen und der von ihnen durchgeführten Tätigkeiten benötigen.*
   a) *Erläutere, was mit dieser überschüssigen Energie geschieht.*
   b) *Wie müsste die Energiebilanz bei einer Person aussehen, die abnehmen will? Begründe deine Antwort.*

3. *Stelle die Richtwerte für den Energiebedarf in Abhängigkeit vom Alter (Tab. oben) in einem Säulendiagramm dar.*

In Abhängigkeit von der Tätigkeit des Menschen geht man von folgenden Werten aus:

Tätigkeit	Richtwert in kJ/Tag
leichte körperliche Tätigkeit (z. B. Sekretärin)	10 000 – 12 500
schwere körperliche Arbeit (z. B. Briefträger)	12 000 – 16 500
Schwerstarbeit (z. B. Maurer)	17 500 – 20 000

Auch für sportliche Aktivitäten, ob in der Schule oder in der Freizeit, wird viel Energie benötigt (s. Tabelle).

Sportart	Energiebedarf in kJ / (h · kg)
leichte Gymnastik	12,6
9 km Laufen	35,5
4,5 km Wandern	13,2
3 km Schwimmen	44,8
Handball spielen	80,1
43 km Radfahren	65,7

4. a) *Birgit (50 kg) und Klaus (70 kg) wandern mit ihrer Klasse 4 Stunden am See entlang. Wie viel Energie benötigen die Beiden jeweils?*

   b) *Jan (60 kg) ist Radrennfahrer. Wie viel Energie benötigt er für eine 3-stündige Trainingsfahrt?*

5. *Stelle anhand der Übersicht links Nahrungsmittel für einen Tag so zusammen, dass der gesamte Energiegehalt etwa 10 MJ beträgt und die Ernährung zugleich vielseitig und vollwertig ist.*

6. *Paul isst zum Frühstück 100 g Joghurt, 20 g Butter, 40 g Honig und ein 100 g wiegendes Brötchen.*

   a) *Wie groß ist der Energiegehalt dieser Nahrungsmittel?*

   b) *Wie viel Prozent des Tagesbedarfs sind damit gedeckt, wenn man als Tagesbedarf 12 000 kJ annimmt?*

Grundumsatz und Leistungsumsatz

Die Energie, die der Mensch zur Aufrechterhaltung aller Lebensprozesse benötigt, wird als **Grundumsatz** bezeichnet. Bei Kindern und Jugendlichen kann der Grundumsatz mit folgender Gleichung berechnet werden:

$$GU = 6{,}2 \; \frac{kJ}{kg \cdot h} \cdot m \cdot t \qquad \begin{array}{l} m \;\; \text{Körpermasse in kg} \\ t \;\;\; \text{Zeit in h} \end{array}$$

Für Erwachsene gilt eine ähnliche Gleichung. Für sie ist der Faktor 6,2 durch den Faktor 4,2 zu ersetzen.

7. *Berechne mithilfe der genannten Gleichung deinen Grundumsatz für einen Zeitraum von 24 Stunden! Warum ist der Grundumsatz geringer als der Energiebedarf?*

1 ▸ *Der Leistungsumsatz eines Sportlers ist wesentlich größer als der eines Zuschauers.*

Energiegehalt einiger Nahrungsmittel

Nahrungsmittel	Energiegehalt je 100 g in kJ
Joghurt	300
Butter	3 000
Margarine	2 960
Schmalz	3 770
Hühnerei	680
Honig	1 270
Milchschokolade	2 180
Roggenbrot	950
Brötchen	1 130
Spaghetti	1 540
Kotelett	1 430
Rindsfilet	511
Cervelatwurst	1 070
Forelle	420
Karpfen	61
Apfel	243
Banane	360
Haselnüsse	2 625
Kartoffeln	320

Fächerverbindendes Thema

Übt man sportliche oder andere Tätigkeiten aus, so kommt zum Grundumsatz der **Leistungsumsatz** hinzu.

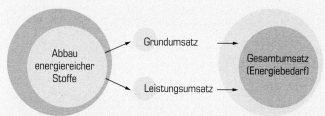

Der Wirkungsgrad des Menschen

Der Mensch ist ein Energiewandler und hat wie jeder andere Energiewandler einen Wirkungsgrad. Der Wirkungsgrad eines Gerätes, einer Anlage oder eines Lebewesens gibt an, welcher Anteil der zugeführten Energie E_{zu} in nutzbringende Energie E_{nutz} umgewandelt wird.

$$\eta = \frac{E_{nutz}}{E_{zu}}$$

Der Wirkungsgrad ist stets kleiner als 1 bzw. kleiner als 100 %.

Die Besonderheiten des Menschen bestehen darin, dass sein Wirkungsgrad sehr stark von der jeweiligen Tätigkeit abhängt und darüber hinaus auch von Person zu Person unterschiedlich ist. Die in der Tabelle angegebenen Wirkungsgrade sind Durchschnittswerte. Der maximale Wirkungsgrad des Menschen liegt bei etwa 0,3 bzw. 30 %.

zugeführte
Energie
100 %
E_{zu}

Gerät, Anlage,
Lebewesen

nutzbare
Energie
E_{nutz}

nicht
nutzbare
Energie

Wirkungsgrade in Natur und Technik	
Glühlampe	5 %
Benzinmotor	bis 30 %
Dampf- turbine	bis 45 %
Elektromotor	bis 90 %
bei körper- licher Tätigkeit des Menschen:	
Schwimmen	3 %
Gewicht- heben	10 %
Rad fahren	25 %
Bergauf gehen	30 %

8. *Interpretiere folgende Aussage: Der Mensch hat beim Gehen auf ebener Strecke einen durchschnittlichen Wirkungsgrad von 0,2 bzw. 20 %.*

9. *Vergleiche den maximalen Wirkungsgrad des Menschen mit dem Wirkungsgrad von verschiedenen Geräten und Anlagen.*

10. *Mitunter wird behauptet, dass Schwimmen besonders gesund sei.*
    a) *Was ist damit eigentlich gemeint?*
    b) *Begründe mit dem Wirkungsgrad, dass die obige Aussage richtig sein kann.*

11. *Ein Radfahrer hat bei 2 Stunden Fahrt einen Gesamtenergiebedarf von 1 600 kJ. Wie viel Energie wird für die Fortbewegung genutzt? Was geschieht mit der übrigen Energie?*

Methoden

Hinweise für die Arbeit in Projekten

Bei der Bearbeitung eines Themas in Form eines Projektes geht es darum, dass ihr ein Thema weitgehend selbstständig bearbeitet. Konkret heißt das:

- Ideen zum Thema zu entwickeln,
- Aufgaben zu stellen, die in Gruppen möglichst selbstständig bearbeitet werden können,
- das Thema von unterschiedlichen Seiten zu betrachten.

Damit das Projekt auch ein Erfolg wird, geht man am besten schrittweise vor.

Schritt

Ideenmarkt

Alles was zum Thema passt, wird „auf den Tisch gepackt". Aus der Fülle der Ideen werden die zu bearbeitenden Themenbereiche ausgewählt und der jeweiligen Gruppe zugeteilt.

Schritt ②

Arbeitsplan

Jede Gruppe stellt für sich einen Arbeitsplan auf. Dieser Arbeitsplan sollte folgende Punkte unbedingt enthalten:

- Welche Fragen sollen in der Gruppe zum ausgewählten Themenbereich beantwortet werden?
- Welche Materialien/Medien sollen genutzt werden?
- Welche Methoden sollen bei der Informationsbeschaffung angewendet werden?

- Welche Experimente möchte die Gruppe durchführen?
- Wer ist für welchen Bereich bzw. für welche Frage zuständig?
- Welcher zeitliche Rahmen steht zur Verfügung?
- Wie sollen die Ergebnisse dargestellt werden?

Schritt

Arbeit am Projekt

Wenn Fragen bei der Arbeit auftreten, kann man sich an den Lehrer wenden.

Schritt

Ergebnispräsentation vor den Mitschülern

Hierbei muss man beachten, dass sich die Mitschüler mit anderen Fragestellungen beschäftigt haben.

Deshalb muss die Darstellung in kurzer und logischer Form erfolgen. Nur so können die anderen Mitschüler die Versuche und Ergebnisse verstehen und die gewonnenen Erkenntnisse nachvollziehen.

Schritt ⑤

Ergebnispräsentation im Schulhaus

Zum Abschluss des Projekts kann z. B. eine Wandzeitung angefertigt werden. Die anderen Schüler können dann sehen, womit sich die Klasse beschäftigt hat und zu welchen Ergebnissen sie gekommen ist.

Projektstruktur

Projektidee:
z. B. Energiebündel Mensch

Projektplan:
z. B. recherchieren, wie und wo im Zusammenhang „Mensch" Energie eine Rolle spielt

Projektdurchführung:
z. B. Experimentieren, Expertenbefragung, Arbeit mit Nachschlagewerken, Surfen im Internet, Diskussion der Ergebnisse

Projektpräsentation:
z. B. Anfertigen einer Anschauungstafel für den Fachraum, Vorträge, Power-Point-Präsentation

Gefahrstoffhinweise für einige Chemikalien

Aluminiumpulver (nicht stabilisiert)	F	R15, R17	S2, S7/8, S43
Aluminiumpulver (phlegmatisiert)		R10, R15	S2, S7/8, S43
Ammoniak (wasserfrei)	T; N	R10, R 23, R 34, R 50	S1/2, S 9, S 16, S 26, S 36, S 37, S45, S 61
Ammoniak-Lösung 10 % ≤ ω < 25 %	C	R34	S1/2, S 26, S 36, S 37, S 39, S 45, S 61
5 % ≤ ω < 10 %	Xi	R36/37/38	S1/2, S26, S 36, S 37, S 39, S45, S 61
Ammoniumchlorid	Xn	R22, R36	S2, S22
Ammoniumnitrat	O	R8, R9	S15, S16, S41
Bariumchlorid (ω ≥ 25 %)	Xn	R20, R 25	S28
Bariumhydroxid (5 % ≤ ω < 10 %)	Xi	R20/22, R34	S26, S36/37/38, S45
Bariumhydroxid (wasserfrei und Octahydrat)	C	R20/22, R34	S26, S36/37/38, S45
Brom	T+; C	R26, R35	S1/2, S7/9, S26, S45
Bromwasser (1 % ≤ ω < 5 %)	T; Xi	R23, R24	S7/9, S26
Calcium	F	R 15	S 2, S 8, S 24/25, S 43
Calciumhydroxid (5 % ≤ ω < 10 %)	Xi	R34	S26, S36/37/38, S45
Calciumhydroxid	C	R34	S26, S36/37/38, S45
Calciumoxid	C	R 34	S 26, S 36
Chlor	T; N	R23, R36/37/38, R 50	S1/2, S7/9, S45, S 61
Chlorwasserstoff (wasserfrei)	T; C	R23, R35	S1/2, S9, S26, S 36, S 37, S 39, S45
Eisen(II)-sulfat-Heptahydrat	Xn	R22, R 41	S24, S25
Essigsäure (Ethansäure)			
ω ≥ 90 %	C	R10, R35	S1/2, S23, S26, S45
25 % ≤ ω < 90 %	C	R10, R34	S1/2, S23, S26, S45
10 % ≤ ω < 25 %	Xi	R10, R34	S1/2, S23, S26, S45
Ethanol	F	R11	S2, S7, S16
Ethen	F+	R12	S2, S9, S16, S33
Kalium	F; C	R14/15, R34	S1/2, S5, S8, S43, S45
Kaliumhydroxid ω ≥ 5 %	C	R35	S1/2, S26, S37/39, S45
Kaliumnitrat	O	R8	S16, S41
Kaliumpermanganat	O; Xn	R8, R22	S2
Kupfer(II)-chloridlösung 3 % ≤ ω < 25 %	Xn	R25, R36/37/38	S37, S45
Kupfer(II)-sulfat	Xn	R22, R 36/38	S2, S22
Lithium	F; C	R14/15, R34	S1/2, S8, S43, S45
Magnesium, Späne	F	R11, R15	S2, S7/8, S43
Mangandioxid (Braunstein)	Xn	R20/22	S2, S25
Methan	F+	R12	S2, S9, S16, S33
Natrium	F; C	R14/15, R34	S1/2, S5, S8, S43, S45
Natriumhydroxid, wasserfrei	C	R35	S1/2, S26, S37/39, S45
Natriumhydroxid-Lösung ω ≥ 5 % (Natronlauge)	C	R35	S1/2, S26, S37/39, S45
2 % ≤ ω < 5 %	C	R34	S1/2, S26, S37/39, S45
ortho-Phosphorsäure ω ≥ 25 %	C	R 34	S 1/2, S 26, S 45
10 % ≤ ω ≥ 25 %	Xi	R 36/38	S 25
Petroleumbenzin (Siedebereich 40–60 °C)	F	R11	S9, S16, S29, S33
Petroleumbenzin (Siedebereich 60–80 °C)	F	R11	S9, S16, S29, S33
Petroleumbenzin (Siedebereich 100–140 °C)	F	R11	S9, S16, S29, S33
Salpetersäure (20 % ≤ ω < 70 %)	C	R35	S1/2, S23, S26, S27
5 % ≤ ω < 20 %	C	R34	S1/2, S23, S26, S27
Salzsäure, ω ≥ 25 %	C	R34, R37	S1/2, S26, S45
Salzsäure, 10 % ≤ ω < 25 %	Xi	R36/37/38	S2, S28
Schwefeldioxid	T	R23, R34	S1/2, S9, S26, S36, S37, S39, S45
Schwefelsäure (w ≥ 15 %)	C	R35	S1/2, S26, S30, S45
5 % ≤ ω < 15 %	Xi	R36/38	S2, S26
Silbernitrat	C	R 34	S 1/2, S 26, S 45
Silbernitrat (5 % ≤ ω < 10 %)	Xi	R34	S1/2, S26, S45
Wasserstoff	F+	R12	S2, S9, S16, S33
Zink-Pulver phlegmatisiert		R10, R15	S2, S7/8, S43
Zink-Pulver nicht stabilisiert	F	R15, R17	S2, S7/8, S43
Zinkchlorid	C	R34	S1/2, S7/8, S28, S45
5 % ≤ ω < 10 %	Xi	R34	S1/2, S7/8, S28, S45

Gefahrstoffhinweise

Gefahrstoffsymbole

T
giftig

giftige Stoffe (T, T+)
krebserzeugende Stoffe (T, Xn)

Erhebliche Gesundheitsschäden
durch Einatmen, Verschlucken
oder Aufnahme durch die Haut.
Keine Schülerexperimente.

Xn
gesundheitsschädlich

gesundheitsschädliche
Stoffe (Xn, Xi)

Gesundheitsschäden durch Einatmen,
Verschlucken oder Aufnahme
durch die Haut.

Xi
reizend

reizende Stoffe (Xn, Xi)

Reizwirkung auf die Haut, die
Atmungsorgane und die Augen.

E
explosionsgefährlich

explosionsgefährliche
Stoffe

Explosion unter bestimmten
Bedingungen möglich.
Keine Schülerexperimente.

C
ätzend

ätzende Stoffe

Hautgewebe und Geräte
werden nach Kontakt
zerstört.

F
entzündlich

leicht- u. hochentzündliche
Stoffe (F bzw F+)

Entzünden sich selbst,
an heißen Gegenständen
mit Wasser entstehen
leichtentzündliche Gase.

O
brandfördernd

brandfördernde Stoffe

Andere brennbare Stoffe
werden entzündet,
ausgebrochene Brände
gefördert.

N
umweltgefährlich

umweltgefährliche Stoffe

Sind sehr giftig, giftig oder
schädlich für Wasserorganismen,
Pflanzen, Tiere und Bodenorganismen; schädliche Wirkung
auf die Umwelt.

Gefahrenhinweise (R-Sätze)

R-Sätze weisen auf besondere Gefahren hin.

R 1 In trockenem Zustand explosionsge-
fährlich.
R 2 Durch Schlag, Reibung, Feuer oder an-
dere Zündquellen explosionsgefährlich.
R 3 Durch Schlag, Reibung, Feuer oder an-
dere Zündquellen besonders
explosionsgefährlich.
R 4 Bildet hochempfindliche explosionsge-
fährliche Metallverbindungen.
R 5 Beim Erwärmen explosionsfähig.
R 6 Mit und ohne Luft explosionsfähig.
R 7 Kann Brand verursachen.
R 8 Feuergefahr bei Berührung mit brenn-
baren Stoffen.
R 9 Explosionsgefahr bei Mischung mit
brennbaren Stoffen.
R 10 Entzündlich.
R 11 Leicht entzündlich.
R 12 Hoch entzündlich.
R 14 Reagiert heftig mit Wasser.
R 15 Reagiert mit Wasser unter Bildung
leicht entzündlicher Gase.
R 16 Explosionsgefährlich in Mischung mit
brandfördernden Stoffen.
R 17 Selbstentzündlich an der Luft.
R 18 Bei Gebrauch Bildung explosionsfähi-
ger/leichtentzündlicher Dampf-Luftge-
mische möglich.
R 19 Kann explosionsfähige Peroxide bilden.
R 20 Gesundheitsschädlich beim Einatmen.

R 21 Gesundheitsschädlich bei Berührung
mit der Haut.
R 22 Gesundheitsschädlich beim Verschluk-
ken.
R 23 Giftig beim Einatmen.
R 24 Giftig bei Berührung mit der Haut.
R 25 Giftig beim Verschlucken.
R 26 Sehr giftig beim Einatmen.
R 27 Sehr giftig bei Berührung mit der Haut.
R 28 Sehr giftig beim Verschlucken.
R 29 Entwickelt bei Berührung mit Wasser
giftige Gase.
R 30 Kann bei Gebrauch leicht entzündlich
werden.
R 31 Entwickelt bei Berührung mit Säure
giftige Gase.
R 32 Entwickelt bei Berührung mit Säure
sehr giftige Gase.
R 33 Gefahr kumulativer Wirkungen.
R 34 Verursacht Verätzungen.
R 35 Verursacht schwere Verätzungen.
R 36 Reizt die Augen.
R 37 Reizt die Atmungsorgane.
R 38 Reizt die Haut.
R 39 Ernste Gefahr irreversiblen Schadens.
R 40 Irreversibler Schaden möglich.
R 41 Gefahr ernster Augenschäden.
R 42 Sensibilisierung durch Einatmen
möglich.

R 43 Sensibilisierung durch Hautkontakt
möglich.
R 44 Explosionsgefahr bei Erhitzen unter Ein-
schluss.
R 45 Kann Krebs erzeugen.
R 46 Kann vererbbare Schäden verursachen.
R 48 Gefahr ernster Gesundheitsschäden bei
längerer Exposition.
R49 Kann Krebs erzeugen beim Einatmen.
R50 Sehr giftig für Wasserorganismen.
R51 Giftig für Wasserorganismen.
R52 Schädlich für Wasserorganismen
R53 Kann in Gewässern längerfristig schäd-
liche Wirkungen haben.
R54 Giftig für Pflanzen.
R55 Giftig für Tiere.
R56 Giftig für Bodenorganismen.
R57 Giftig für Bienen.
R58 Kann längerfristig schädliche Wirkun-
gen auf die Umwelt haben.
R59 Gefährlich für die Ozonschicht.
R60 Kann die Fortpflanzungsfähigkeit beein-
trächtigen
R61 Kann das Kind im Mutterleib schädigen.
R62 Kann möglicherweise die Fortpflan-
zungsfähigkeit beeinträchtigen
R63 Kann das Kind im Mutterleib möglicher-
weise schädigen.
R64 Kann Säuglinge über die Muttermilch
schädigen

Sicherheitsratschläge (S-Sätze)

S-Sätze geben Ratschläge für den sachgemäßen Umgang mit gefährlichen Stoffen.

S 1	Unter Verschluss aufbewahren.	S 27	Beschmutzte, getränkte Kleidung sofort ausziehen.
S 2	Darf nicht in die Hände von Kindern gelangen.	S 28	Bei Berührung mit der Haut sofort abwaschen mit viel ... (vom Hersteller anzugeben).
S 3	Kühl aufbewahren.		
S 4	Von Wohnplätzen fernhalten.		
S 5	Unter ... aufbewahren (geeignete Flüssigkeit vom Hersteller anzugeben).	S 29	Nicht in die Kanalisation gelangen lassen.
S 6	Unter ... aufbewahren (inertes Gas vom Hersteller anzugeben).	S 30	Niemals Wasser hinzugießen.
		S 33	Maßnahmen gegen elektrostatische Aufladungen treffen.
S 7	Behälter dicht geschlossen halten.		
S 8	Behälter trocken halten.	S 34	Schlag und Reibung vermeiden.
S 9	Behälter an einem gut gelüfteten Ort aufbewahren.	S 35	Abfälle und Behälter müssen in gesicherter Weise beseitigt werden.
S 12	Behälter nicht gasdicht verschließen.	S 36	Bei der Arbeit geeignete Schutzkleidung tragen.
S 13	Von Nahrungsmitteln, Getränken und Futtermitteln fernhalten.		
S 14	Von ... fernhalten (inkompatible Substanzen vom Hersteller anzugeben).	S 37	Geeignete Schutzhandschuhe tragen.
		S 38	Bei unzureichender Belüftung Atemschutzgerät anlegen.
S 15	Vor Hitze schützen.		
S 16	Von Zündquellen fernhalten – Nicht rauchen. S 17 Von brennbaren Stoffen fernhalten.	S 39	Schutzbrille/Gesichtsschutz tragen.
		S 40	Fußboden und verunreinigte Gegenstände mit ... reinigen (vom Hersteller anzugeben).
S 18	Behälter mit Vorsicht öffnen und handhaben.		
S 20	Bei der Arbeit nicht essen und trinken.	S 41	Explosions- und Brandgase nicht einatmen.
S 21	Bei der Arbeit nicht rauchen.		
S 22	Staub nicht einatmen.	S 42	Beim Räuchern/Versprühen geeignetes Atemschutzgerät anlegen (geeignete Bezeichnung vom Hersteller anzugeben).
S 23	Gas/Rauch/Dampf/Aerosol nicht einatmen (geeignete Bezeichnung vom Hersteller anzugeben).		
S 24	Berührung mit der Haut vermeiden.	S 43	Zum Löschen ... (vom Hersteller anzugeben) verwenden (wenn Wasser die Gefahr erhöht, anfügen:Kein Wasser verwenden).
S 25	Berührung mit den Augen vermeiden.		
S 26	Bei Berührung mit den Augen gründlich mit Wasser abspülen und Arzt konsultieren.		
		S 44	Bei Unfall oder Unwohlsein sofort Arzt zuziehen (wenn möglich, dieses Etikett vorzeigen).

S 46	Bei Verschlucken sofort ärztlichen Rat einholen und Verpackung oder Etikett vorzeigen.
S 47	Nicht bei Temperaturen über ... °C aufbewahren (vom Hersteller anzugeben).
S 48	Feucht halten mit ... (geeignetes Mittel vom Hersteller anzugeben).
S 49	Nur im Originalbehälter aufbewahren.
S 50	Nicht mischen mit ... (vom Hersteller anzugeben).
S 51	Nur in gut gelüfteten Bereichen verwenden.
S 52	Nicht großflächig für Wohn- und Aufenthaltsräume zu verwenden.
S 53	Expositionen vermeiden. Vor Gebrauch besondere Anweisung einholen.
S56	Diesen Stoff und seinen Behälter der Problemabfallentsorgung zuführen.
S57	Zur Vermeidung einer Kontamination der Umwelt geeigneten Behälter verwenden.
S59	Information zur Wiederverwendung/Wiederverwertung beim Hersteller/Lieferanten erfragen.
S60	Dieser Stoff und sein Behälter sind als gefährlicher Abfall zu entsorgen.
S61	Freisetzung in die Umwelt vermeiden. Besondere Anweisungen einholen/Sicherheitsdatenblatt zu Rate ziehen.
S62	Bei Verschlucken kein Erbrechen herbeiführen. Sofort ärztlichen Rat einholen und Verpackung oder dieses Etikett vorzeigen.

Entsorgungsratschläge (E-Sätze)

E-Sätze geben Ratschläge für die sachgemäße Entsorgung von Chemikalien und gefährlichen Stoffen.

E1	Verdünnen, in den Ausguss geben (WGK 0 bzw. 1).	E9	Unter größter Vorsicht in kleinsten Portionen reagieren lassen (z.B. offen im Freien verbrennen).
E2	Neutralisieren, in den Ausguss geben.		
E3	In den Hausmüll geben, gegebenenfalls in PE-Beutel (Stäube).	E10	In gekennzeichneten Glasbehältern sammeln: 1. "Organische Abfälle - halogenhaltig" 2. "Organische Abfälle - halogenfrei" dann E8.
E4	Als Sulfid fällen.		
E5	Mit Calcium-Ionen fällen, dann E1 oder E3.		
E6	Nicht in den Hausmüll geben.	E11	Als Hydroxid fällen (pH 8), den Niederschlag zu E8.
E7	Im Abzug entsorgen; wenn möglich verbrennen.		
		E12	Nicht in die Kanalisation gelangen lassen (S-Satz S 29).
E8	Der Sondermüllbeseitigung zuführen (Adresse zu erfragen bei der Kreis- oder Stadtverwaltung) Abfallschlüssel beachten.		
		E13	Aus der Lösung mit unedlerem Metall (z.B. Eisen) als Metall abscheiden (E14, E3).

E14	Recycling-geeignet (Redestillation oder einem Recyclingunternehmen zuführen).
E15	Mit Wasser vorsichtig umsetzen, evtl. freiwerdende Gase verbrennen oder absorbieren oder stark verdünnt ableiten.
E16	Entsprechend den Ratschlägen in Anlage 5.1 der "Richtlinien zur Sicherheit im naturwissenschaftlichen Unterricht" beseitigen.

Periodensystem der Elemente

Legende:

- Protonenzahl (Ordnungszahl)
- Elektronegativität
- Elementname
- Atommasse in u ($u = 1{,}66 \cdot 10^{-27}$ kg)
- Elementsymbol

Beispiel: 5 | 10,81 | B | 2,0 | Bor

- H [1] : Gas
- Br [1] : Flüssigkeit
- Mg [1] : Feststoff
- : Nichtmetall
- : Halbmetall
- : Metall
- * Alle Isotope dieses Elements sind radioaktiv.

Hauptgruppe (I – VIII) · **Nebengruppe** (III – VIII, I, II) · **Lanthanoide** · **Actinoide** · **Periode**

Hauptgruppen (Elemente)

Nr.	Atommasse	EN	Symbol	Name
1	1,008	2,1	H	Wasserstoff
2	4,00		He	Helium
3	6,94	1,0	Li	Lithium
4	9,01	1,5	Be	Beryllium
5	10,81	2,0	B	Bor
6	12,01	2,5	C	Kohlenstoff
7	14,007	3,0	N	Stickstoff
8	15,999	3,5	O	Sauerstoff
9	18,998	4,0	F	Fluor
10	20,18		Ne	Neon
11	22,99	0,9	Na	Natrium
12	24,31	1,2	Mg	Magnesium
13	26,98	1,5	Al	Aluminium
14	28,09	1,8	Si	Silicium
15	30,97	2,1	P	Phosphor
16	32,06	2,5	S	Schwefel
17	35,45	3,0	Cl	Chlor
18	39,95		Ar	Argon
19	39,10	0,8	K	Kalium
20	40,08	1,0	Ca	Calcium
31	69,72	1,6	Ga	Gallium
32	72,59	1,8	Ge	Germanium
33	74,92	2,0	As	Arsen
34	78,96	2,4	Se	Selen
35	79,90	2,8	Br	Brom
36	83,80		Kr	Krypton
37	85,47	0,8	Rb	Rubidium
38	87,62	1,0	Sr	Strontium
49	114,82	1,7	In	Indium
50	118,69	1,8	Sn	Zinn
51	121,75	1,9	Sb	Antimon
52	127,60	2,1	Te	Tellur
53	126,90	2,5	I	Iod
54	131,30		Xe	Xenon
55	132,91	0,7	Cs	Caesium
56	137,33	0,9	Ba	Barium
81	204,37	1,8	Tl	Thallium
82	207,2	1,8	Pb	Blei
83	208,98	1,9	Bi	Bismut
84	[209]	2,0	Po*	Polonium
85	[210]	2,2	At*	Astat
86	[222]		Rn*	Radon
87	[223]	0,7	Fr*	Francium
88	[226]	0,9	Ra*	Radium

Nebengruppen (Elemente)

Nr.	Atommasse	EN	Symbol	Name
21	44,96	1,3	Sc	Scandium
22	47,90	1,5	Ti	Titanium
23	50,94	1,6	V	Vanadium
24	51,996	1,6	Cr	Chromium
25	54,94	1,5	Mn	Mangan
26	55,85	1,8	Fe	Eisen
27	58,93	1,8	Co	Cobalt
28	58,70	1,8	Ni	Nickel
29	63,55	1,9	Cu	Kupfer
30	65,38	1,6	Zn	Zink
39	88,91	1,3	Y	Yttrium
40	91,22	1,4	Zr	Zirconium
41	92,91	1,6	Nb	Niobium
42	95,94	1,8	Mo	Molybdän
43	[97]	1,9	Tc*	Technetium
44	101,07	2,2	Ru	Ruthenium
45	102,91	2,2	Rh	Rhodium
46	106,4	2,2	Pd	Palladium
47	107,87	1,9	Ag	Silber
48	112,41	1,7	Cd	Cadmium
72	178,49	1,3	Hf	Hafnium
73	180,95	1,5	Ta	Tantal
74	183,85	1,7	W	Wolfram
75	186,21	1,9	Re	Rhenium
76	190,2	2,2	Os	Osmium
77	192,22	2,2	Ir	Iridium
78	195,09	2,2	Pt	Platin
79	196,97	2,4	Au	Gold
80	200,59	1,9	Hg	Quecksilber
104	[261]	1,3	Rf*	Rutherfordium
105	[262]	1,5	Db*	Dubnium
106	[266]	1,6	Sg*	Seaborgium
107	[262]		Bh*	Bohrium
108	[262]		Hs*	Hassium
109	[266]		Mt*	Meitnerium
110	[281]		Ds*	Darmstadtium

Lanthanoide

Nr.	Atommasse	EN	Symbol	Name
57	138,91	1,1	La	Lanthan
58	140,12	1,1	Ce	Cerium
59	140,91	1,1	Pr	Praseodymium
60	144,24	1,1	Nd	Neodymium
61	[145]	1,1	Pm*	Promethium
62	150,35	1,2	Sm	Samarium
63	151,96	1,2	Eu	Europium
64	157,25	1,2	Gd	Gadolinium
65	158,92	1,2	Tb	Terbium
66	162,50	1,2	Dy	Dysprosium
67	164,93	1,2	Ho	Holmium
68	167,26	1,2	Er	Erbium
69	168,93	1,2	Tm	Thulium
70	173,04	1,2	Yb	Ytterbium
71	174,97	1,2	Lu	Lutetium

Actinoide

Nr.	Atommasse	EN	Symbol	Name
89	[227]	1,1	Ac*	Actinium
90	232,04	1,3	Th*	Thorium
91	231,04	1,5	Pa*	Protactinium
92	238,03	1,4	U*	Uranium
93	237,05	1,3	Np*	Neptunium
94	[244]	1,3	Pu*	Plutonium
95	[243]	1,3	Am*	Americium
96	[247]	1,3	Cm*	Curium
97	[247]	1,3	Bk*	Berkelium
98	[251]	1,3	Cf*	Californium
99	[254]	1,3	Es*	Einsteinium
100	[257]	1,3	Fm*	Fermium
101	[258]	1,3	Md*	Mendelevium
102	[259]	1,3	No*	Nobelium
103	[260]		Lr*	Lawrencium

[ ] Die umklammerten Werte für die Atommasse geben die Massenzahl des Isotops mit der größten Halbwertszeit an.

1) Aggregatzustand bei 25 °C (298 K) und 1013,25 hPa

A

Adsorption 34
Aggregatzustand 21, 31, 55
AGRICOLA, GEORGIUS 10
Aktivierungsenergie 76, 77, 87
Alchemisten 66
Aluminium 49
Amalgam 57
Arbeit in Projekten 97
Arbeitsgeräte 12
Atmung 73
Atom 52, 67
Atombau 52
   Kern-Hülle-Modell 52
Ausgangsstoffe 70
Außenelektronen 52

B

Begründen von Aussagen 80
Beobachten 12
BERZELIUS, JÖNS JACOB 53
Beschreiben 13
Beschreiben des Aufbaus und Erklären der Wirkungsweise technischer Geräte und Anlagen 39
biochemische Reaktionen 73
biologische Oxidation 73
Blei 49
Bleiglanz 75
Bornit 75
BÖTTGER, JOHANN FRIEDRICH 11
Brandschutz 14
Brennbarkeit 22, 84
Brenner 14
Brennstoffe 85
Brennwert 92
Bronze 56, 58
BROWN, ROBERT 30
brownsche Bewegung. 30
BUNSEN, ROBERT WILHELM 13
Bunsenbrenner 15

C

Cadmiumgelb 75
chemische Reaktion
   exotherm 71, 87
   endotherm 71, 87
chemischen Zeichensprache
Symbol 53
Chromatografie 42
Chromatografieren 35
Chromatogramm 42

D

DALTON, JOHN 53
Dekantieren 35, 42
Destillation 34

Destillieren 35
Diagramm 61
Dichte 21, 26
Differenzmethode 26
Duraluminium 56

E

Edukte 70
Eigenschaften von Stoffen 19
   Aggregatzustand 21
   Brennbarkeit 22
   Dichte 21
   elektrische Leitfähigkeit 22
   Farbe 19
   Geruch 19
   Geschmack 19
   Härte 20
   Löslichkeit 22
   magnetische Eigenschaften 20
   Oberflächenbeschaffenheit 19
   Schmelztemperatur 21
   Siedetemperatur 21
   Verformbarkeit 20
   Wärmeleitfähigkeit 22
Eindampfen 35
Eindunsten 35
EINSTEIN, ALBERT 30
Eis 31
Eiweiße 91
elektrische Leitfähigkeit 22, 50
Elektronen 52
Elektronengas 55
Elektronengasmodell 67
Elemente 52
Emulsion 33
endotherme Reaktion 71, 87
Energiebedarf 94
Energieumwandlung 87
Entzündungstemperatur 22
Erklären 38
Ernährungspyramide 92
E-Sätze 13, 18, 100
Euromünzen 66
exotherme Reaktion 71, 87
Experiment 12
   Protokollbeispiel 15
   Verhaltensregeln 13
Extrahieren 35
Extraktion 34

F

Farbe 19
Fette 91
Feuer 84
Filtrieren 34, 35
Flammen 22
Formel 74

Fotosynthese 73
Fünf-Schritt-Methode zur Bearbeitung eines Textes 60

G

Gasgemisch 33
Gefahrstoffe 13, 18, 98
Gemenge 33
Germanium 11
Geruch 19
Geschmack 19
Gold 49
Grundumsatz 95

H

Härte 20, 26
Härteskala 20
Hauptgruppe 54
Heizflamme 15
HEYDEN, FRIEDRICH von 11

I

Informationssuche im Internet 23, 59

K

Kartuschenbrenner 15
Katalysatoren 76
Kohlenhydrate 91
Körper 18, 45
Kupferglanz 75

L

Latentwärmekissen 81
Legierung 33, 56, 64, 67
Leistungsumsatz 95
Leuchtflamme 15
Lösemittel 22
Löslichkeit 22
Lösung 22, 33
Löten 64

M

magnetische Eigenschaften 20
Magnetscheiden 35, 37, 39
Massenanteil 34
Memory-Legierungen 57, 65
Mendelejew, Dimitrij Iwanowitsch 11, 54
Messing 56
Metall 48
   Bau 52, 55
   Eigenschaften 48, 50, 55
   edle und unedle 74
   Reaktion mit Sauerstoff 74
   Reaktion mit Schwefel 75
   Verwendung 48

Metallbindung 55, 67
Metallkristall 55
Metalloxide 74
Meyer, Lothar 54
Modell
   Atommodell 52
   Elektronengasmodell 55
   Teilchenmodell 30
Müller, Richard 11

N

Nahrungskette 91
Nahrungsmittel 90
Naturwissenschaft 8
Nebel 33
Nebengruppe 54
Neusilber 56

O

Oberflächenbeschaffenheit 19, 50
Ordnungszahl 54

P

Periode 54
Periodensystem der Elemente 54, 101
physikalischer Vorgang 70
Produkte 70
Projekt 97,
Protokoll 12, 15
Protonen 52

Q

Quecksilber 49

R

Rauch 33
Reaktionsbedingungen 76
Reaktionsprodukte 70
Reinstoff 32, 45
Rost 72
Rostschutz 72
R-Sätze 13, 18, 99

S

Sauerstoff 74
Schaum 33
Scheidetrichter 36
Schmelztemperatur 21, 26, 31
Schwefel 75
Sieben 35
Siedetemperatur 21, 31
Silberstraße 10
Silicone 11
S-Sätze 13, 18, 100
Stahl 56
Steckbrief 24, 49

Stoffe 18
   Eigenschaften 19, 20, 21, 22, 45
   Trennverfahren 35, 36, 37
Stoffgemisch 32, 33, 45, 56
   heterogenes 32, 45
   homogenes 32, 45
   Trennverfahren 35, 36, 37
Massenanteil 34
Stoffumwandlung 87
Stoßtheorie 77
Sulfide 75
Suspension 33
Symbol 53, 67

T

Teilchen 38
Teilchenmodell 30, 31
Teilchenmodell und Aggregatzustand 55
Temperatur 76
Temperaturzonen 15
Traubenzucker 73, 93
Trennverfahren 34, 36, 45

U

Umgang mit dem Brenner 14

V

Veranschaulichung von Ergebnissen mithilfe von Diagrammen 61
Verbindungen 74
Verformbarkeit 20
   elastische 20
   plastische 20
Volumenanteil 34

W

Wärmeleitfähigkeit 22, 26, 51
Wasser 31
Winkler, Clemens 11
Wirkungsgrad 96
Wortgleichung 70

Z

Zentrifugieren 34
Zinkblende 75
Zinnoberrot 75
Zündholz 84

Ausgewählte Laborgeräte

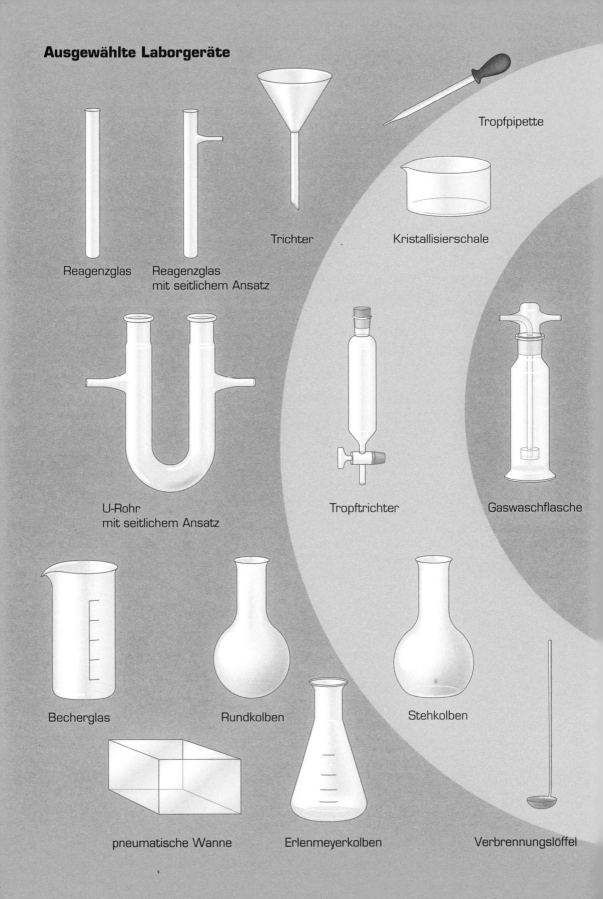

Reagenzglas

Reagenzglas
mit seitlichem Ansatz

Trichter

Tropfpipette

Kristallisierschale

U-Rohr
mit seitlichem Ansatz

Tropftrichter

Gaswaschflasche

Becherglas

Rundkolben

Stehkolben

pneumatische Wanne

Erlenmeyerkolben

Verbrennungslöffel